Rut Björkman

LICHT EINER ANDEREN DIMENSION

W0065386

Rut Björkman

LICHT
EINER ANDEREN
DIMENSION

AURUM VERLAG · FREIBURG IM BREISGAU

Aus Tagebuchblättern

CIP-Kurztitelaufnahme der Deutschen Bibliothek
Björkman, Rut:
Licht einer anderen Dimension / Rut Björkman. –
Freiburg im Breisgau: Aurum Verlag, 1988. Ausz.
ISBN 3-591-08253-8

1. Auflage 1.–13.000 1988
ISBN 3 591 08253 8
© 1988 by Aurum Verlag GmbH & Co KG, Freiburg im Breisgau.
Alle Rechte, auch die des auszugsweisen Nachdrucks, der mechanischen
Wiedergabe und der Übersetzung vorbehalten.
Gesamtherstellung: Landsberger Verlagsanstalt Martin Neumeyer.
Printed in Germany.

Inhalt

VORWORT

»Die Zeit rückt näher, da alle religiösen Dogmen und Lehren aufgehoben werden durch den Einbruch der Wirklichkeit Gottes in das Leben der Menschen.«

Rut Björkman

Der vorliegende Band bringt die wichtigsten und die schönsten Gedanken als neu überarbeitete Auszüge aus den bisherigen Veröffentlichungen von Rut Björkman, die am Schluß des Buches in einer Übersicht zusammengestellt sind. Um die Geschlossenheit dieses Gedankengutes zu erhalten, wurde auf Einzelquellenhinweise verzichtet.

In dieser Synopsis fließen die Gedanken eines Gesamtwerkes zusammen, in dem sich Unbeirrtheit des Glaubens, sein ständiges Bewußtsein und seine ständige Erneuerung zu einer nachvollziehbaren, wirklichkeitsnahen Mystik verbinden, deren Konsequenzen erschüttern machen. Der Weg des Menschen ist der Weg zu Gott; was immer der Mensch auch tut, er ist bereits auf diesem Weg. Der Weg ist nicht erst dann, wenn wir uns auf ihn besinnen — kein beschaulicher Spaziergang, der Gelegenheit oder Luxus von Moral abwartete. Schlechthin geht es um den Weg aller Evolution; ob sie es wahrhaben will oder nicht, ob sie es bekennt oder nicht — sie weiß sich in Gottes Hand. So erfahren wir vom wahren Menschen, dessen Maß das Heilige ist, und vom jetzigen Menschen und der eigentlichen Ursache seines Leidens. Alles, das uns in Form geistig-kultureller Fehlentwicklung als Fremdeinwirkung erscheint, macht Rut Björkman durchsichtig als Konsequenz unseres eigenen Fehlverhaltens. Die Unzufriedenheiten, die sich heute überall mit den Trümmern mißlicher Zivilisationsfortschritte schlagen, werden erkannt als die Unzufriedenheiten in uns und mit uns selbst. „Wie die Pflanze, losgelöst von der Erde, nicht wachsen kann, müssen wir scheitern und zugrundegehen in unserem wahnsinnigen Versuch, abseits vom Wesenhaften in uns zu leben . . . Die Gesetze des Lebens selbst zu diktieren, heißt, die Gesetze Gottes auflösen zu wollen."

Unter dieser Einordnung der Menschheitsproblematik gewinnt Karl Rahners Wort „Der Christ der Zukunft wird ein Mystiker sein − oder er wird nicht sein" eine um so gravierendere Bedeutung. Der Weg des Christentums ins dritte Jahrtausend ist vorgezeichnet; wir sollten wach sein. Keineswegs allerdings meint dies aggressiv abgebrochene Brücken. Solcherart wachem Denken sind von vornherein jegliche Angriffe fremd. Allen Veränderungen jedoch müssen notwendigerweise geistige Prozesse vorausgehen. Und um einen geistig-mystischen Prozeß handelt es sich bei Rut Björkman.

Aurum Verlag

1
Das Ende der Religionen

Wir werden keine Religionen mehr haben, wenn wir das
Leben aus Gott erreicht haben. Wir werden keine Erlösungslehren mehr haben, wenn wir erlöst sind. Keine falschen Propheten werden uns verführen, wenn wir unsere
Seele gefunden haben. Doch in seiner unwissenden, blinden
Sehnsucht nach Befreiung denkt sich der Mensch die Wege
aus, die ihm helfen könnten, aus Leid und Irregang heraus-
zufinden – und neue Irrwege werden zu seinem Leid.

Bis auf den Tag der Entdeckung und Einbeziehung der
Kraft des Schöpfers im Menschen bleibt die Menschheit
anfällig für alle Mächte, alle Institutionen, die ihr das Heil
verheißen.

Der Mensch lebt unter einem schmerzlichen Erleben seiner Schuld und seiner Unzulänglichkeit, solange er bewußtlos lebt gegenüber der Gegenwart des Schöpfergeistes in
seiner Schöpfung, solange er seine geschöpfliche Beziehung
zu diesem Geist nicht erkennt und nicht annimmt. Und aus
diesem Schuldgefühl heraus wird er ein Opfer all derer, die
sich als Erlöser und Wegweiser ausgeben und ihm das Heil
versprechen, wenn er sich in den Dienst ihrer Lehren stellt
und an sie glaubt. Welche Not und welches Verderben sind
aus sich gegenseitig bekämpfenden Religionen und Ideolo-
gien entstanden, und wie haben sie dazu beigetragen, die
Sonderung des Menschen von der in ihm wesenden und ihn
allein erlösenden Kraft des Schöpfers zu vergrößern! Die
Sehnsucht des Menschen nach Erlösung entspringt der Tat-

sache, daß die menschbildende Kraft des Schöpfers in ihm gebunden, in unbewußte Bereiche zurückgedrängt ist, und nur, wenn diese Kraft im Leben des Menschen bewußt erkannt und in dieses Leben einbezogen wird, kann der Mensch seine Erlösung aus den Nöten der Sonderung davon erleben.

So erklären sich die Ohnmacht und das Unvermögen aller dieser angebotenen Erlösungslehren, dem Menschen zum Heil zu werden, als darin liegend, daß nichts anderes den Menschen heilen kann als nur die in seiner Schöpfung liegende Kraft des Schöpfergeistes, die Christus in ihm ist.

Das Ende der Macht aller Religionen und ihrer Herrschaft über die Menschen wird kommen, wenn die wahre *religio,* die Rückverbindung mit seiner spirituellen Wirklichkeit, einsetzt und er im Bewußtsein seiner unlösbaren Einheit mit seinem Ursprung lebt. Wenn der Schöpfergeist in sein Leben einbezogen ist und er sich als eine Offenbarung dieses Geistes erkennt und sich fortwährend zu Ihm bekennt, hat der Schöpfer die Herrschaft über den Menschen erlangt, dann vollendet Er mit seiner Kraft diese von Ihm ausgegangene Schöpfung. Damit ist die Macht menschlich begrenzter Vorstellungen und Lehren von Gott und Erlösung zu Ende, und der Mensch entfaltet seine Kindschaft zu dem allmächtigen Schöpfer. Die königliche Freiheit der Kinder Gottes wird dann durch den mit Ihm verbundenen Menschen offenbar werden.

Dieser Mensch der Rückverbindung mit seinem Ursprung bekennt: »Ich und der Vater sind eins, wer mich sieht, der sieht den Vater, der mich gesandt hat.«

2
Das Christentum
ist bei Jesus stehengeblieben

Christus als das Schöpferprinzip in uns, als die menschbildende Kraft des unsichtbaren Schöpfers in unserer Schöpfung, muß von uns entdeckt und angenommen werden, sollen wir wahre Nachfolger des mit dieser Kraft verbundenen Menschen Jesus von Nazareth werden. Es geht in dieser Nachfolge nicht um die Anbetung der Person Jesu, sondern um die Bewußtwerdung der von ihm verkündigten Kraft des Schöpfers in uns.

Die für uns alle verhängnisvolle Verwechslung der Entdeckung der Schöpferkraft in uns Menschen durch Jesus mit seiner Person hat uns um die erlösende Kraft dieser für die Menschwerdung wichtigsten Entdeckung gebracht und ist die Ursache für unser Verbleiben in der uns verderbenden Bewußtlosigkeit.

Betrügen wir uns mit den überlieferten religiösen Lehren nicht selbst um die Erkenntnis des von Jesus gepredigten göttlichen Geheimnisses unseres Lebens? Wir setzen den Weg des verlorenen Sohnes fort und nehmen zu an Ungöttlichkeit und Unmenschlichkeit, während wir im Glauben an ohnmächtige, uns nie erlösende Dogmen einer sich christlich nennenden Religion verbleiben und ihnen dienen.

In einer unbegreiflichen Monotonie feiern wir durch Jahrhunderte die Geburt, das Leben und Leiden, den Tod und die Auferstehung des Jesus von Nazareth und fragen uns nicht, warum wir in dieser ständigen Beschäftigung mit seinem Leben nicht die von ihm verheißene Verbindung mit dem Reich göttlichen Seins in uns selbst finden, nicht gleich ihm in die Macht unserer Kindschaft zu Gott hineinkommen.

Er rief uns auf zur Nachfolge der von ihm entdeckten und verkündigten Kraft des in uns wesenden ewigen Lebens, aber wir bleiben außerhalb dieses Lebens, während wir eifrig bemüht sind, Jesus anzubeten und in ihm unseren Erlöser und Heiland zu sehen.

Wie ist es möglich, daß wir uns nicht fragen, worin unsere Erlösung durch Jesus für uns zu suchen ist, da wir doch erleben, daß die sich zu ihm bekennenden Völker immer tiefer in eine Gottlosigkeit und in das Verderben hineingeraten und die Menschheit zu Opfern von Unmenschlichkeit werden lassen. Sind die Christen vorangegangen in Gotterfülltheit und Erlöstheit aus Egoismus und Lieblosigkeit? Beweisen sie in ihrer Geschichte überzeugend, daß sie Beispiele für ein gerechtes und heiles Leben abgeben?

Müssen wir nicht endlich aufwachen aus der Arroganz und Überheblichkeit, die uns auszeichnen, weil wir dem Wahn erlegen sind, Christen zu sein, Nachfolger des Evangeliums des Jesus von Nazareth? Er hat uns die Botschaft übermittelt, daß wir Träger der Kraft des Schöpfers sind, die allein die Menschwerdung bewirken kann, und daß wir uns auf diese Kraft ausrichten müssen, um zu ihrer Offenbarung zu werden.

Welcher Wahn verblendet unsere Augen, daß wir nicht erkennen, wie sehr sich eine christliche Religion durch ihre Geschichte selbst den Beweis liefert, wie unchristlich, spirituell unlebendig und gottlos sie ist!

3
Jesus und Buddha

Wenn wir Christus als die in unserer Schöpfung wesende menschbildende Kraft Gottes verstehen, so verstehen wir auch, daß Christus unser Erlöser ist. Christus in Jesus erlöst uns nicht aus unserer uns verderbenden Sonderung von Christus in uns, nicht das Göttliche in Jesus macht uns göttlich. In Jesus von Nazareth wie in Buddha geschah der Durchbruch zu ihrer Gotteswirklichkeit, geschah die Wiedergeburt als das Hineingeborenwerden in die Dimension des Schöpfergeistes, und aus diesem Zustand entfalteten sie eine der Menschheit unbekannte Kraft, wurden sie zur Ausstrahlung ewigen als wahrhaftigen Lebens und riefen die Menschen auf zur Umkehr zu der auch in ihnen verborgenen göttlichen Seinskraft. Aber die Menschen erkannten nicht das Beispielhafte und Vorbildliche ihres Lebens, sondern man machte aus ihnen göttliche Menschen, mit uns nicht vergleichbar, und man wob um ihre Geburt und ihr Leben die Legenden ihrer Göttlichkeit. So trennte man sie von uns und verurteilte sie somit zur Unwirksamkeit hinsichtlich unserer eigenen Befreiung aus dem Zustand unserer Bewußtlosigkeit gegenüber dem in unserer Schöpfung wesenden Leben aus dem göttlichen Urquell.

Es ging Buddha wie Jesus um die wahre Nachfolge ihres Lebens, es ging ihnen um die Befreiung des Menschen aus seiner Einkerkerung in dem engen Gefängnis eines Person- und Vergänglichkeitsbewußtseins. Sie riefen auf zur Bewußtseinsänderung, zur Erkenntnis ihrer geschöpflichen

Zugehörigkeit zu Gott und zur Einordnung in die Kraft ihrer spirituellen Wirklichkeit. Sie vermochten mit ihrem gotterfüllten Leben die Menschen zu erwecken zu der in allen Menschen verborgenen Kraft des allmächtigen Schöpfers, und nur wenn ihre Nachfolger auf diese Kraft in ihrer Schöpfung ausgerichtet lebten, wurde diese Kraft aktiviert zu ihrer Erlösung. Weder Buddha noch Jesus waren Zauberer, die die Menschen verwandeln konnten von unheiligen zu heiligen Menschen; ihre Aufgabe bestand darin, den Menschen zu verkündigen, daß sie selbst in ihrer Schöpfung die erlösende und heilende Kraft Gottes tragen und daß sie diese Kraft erkennen und annehmen müssen, auf daß sie in die Heiligkeit im Sinne von Heilheit, von Ganzheit, hineinwachsen und damit fähig werden, ihre geschöpfliche Aufgabe zu erfüllen, das Heilige zu offenbaren.

»Ändert euren Sinn, glaubt an die Botschaft vom Reich Gottes inwendig in euch, trachtet zuerst und vor allen Dingen nach diesem Reich, und alles andere wird euch zufallen.« Niemals war die Rede von der erlösenden Kraft seines Todes, niemals predigte Jesus die Lehre vom Kreuz, sondern er rief auf zur Umkehr zu dem Reich, wo der Schöpfergeist herrscht.

4
Das Evangelium

Das Evangelium des Jesus von Nazareth ist keine Religion, sondern die Botschaft von dem schöpferischen Prinzip des Lebens und die Aufforderung zur Umkehr zu diesem Prinzip. Es ging Jesus um die Überwindung aller menschlich begrenzten Lehren und Vorstellungen von Gott und Erlösung, die ihren Niederschlag in den verschiedenen Religionen gefunden und die Menschen in ihren Dienst gestellt und sie an Irrlehren gebunden und sie ihrer Wahrheit entfremdet haben. Jesus wollte die wahre *religio*, die Rückführung des Menschen zu der Kraft des Schöpfers, aus der er geschaffen ist, auf daß diese Kraft seine Schöpfung vollenden kann. Die Wiedergeburt als das Hineingeborenwerden in seine Sohnschaft zu Gott und die daraus folgende Teilnahme an den Kräften und Klarheiten des Reiches Gottes ließen ihn erkennen, daß diese Teilnahme dem Menschen zusteht als von Gott geschaffen, und aus dieser Erkenntnis entsprangen seine frohe Verkündigung und sein Aufruf zur Änderung unseres Bewußtseins, auf daß wir, gerichtet auf unsere Wahrheit, diese entbinden können. Was in seinem Leben geschah, muß auch im Leben aller Menschen geschehen, auf daß der Schöpfer über seine höchste Schöpfung der Herr sein und durch sie seine Herrlichkeit offenbaren kann, damit ihren geschöpflichen Sinn erfüllend.

Daß die Erlebniskräfte der Menschen für diese alles menschliche Leben revolutionierende Botschaft des Jesus von Nazareth nicht ausreichten, um sie in Reinheit weiterzugeben, führte zu ihrer Mißdeutung und zu der Gründung einer neuen Religion unter christlichen Vorzeichen, die mit der Frohen Botschaft nicht identisch ist. Das Geheimnis Christi als das Geheimnis der im Menschen wesenden spirituellen Wirklichkeit, das noch bei den Aposteln recht verstanden wurde und sie veranlaßte, in die Welt hinauszugehen, den Glauben an diese Kraft des Schöpfergeistes im Menschen zu erwecken und die Menschen zur Umkehr aufzurufen, dieses Geheimnis ging verloren. Es kam zur falschen Interpretation dieser Frohen Botschaft von »Christus in uns«, und Jesus wurde zum einzigen Sohn Gottes gemacht, der in diese Welt gesandt wurde, um durch seinen Kreuzestod uns mit Gott zu versöhnen. Der Rückfall in alte Vorstellungen von einem Opfer verlangenden Gott ist hier unverkennbar. Die Menschen hatten durch Jahrtausende durch die sie beherrschenden Religionen in den Vorstellungen von Gottheiten gelebt, die nur durch Opfer bewegt werden konnten, ihnen in ihren Nöten beizustehen. Tieropfer und Menschenopfer waren zum gewohnten Ritual der Gottesdienste geworden, weshalb die Deutung von dem erlösenden Opfertod des Gottessohnes durchaus traditionsgerecht und den Menschen verständlich war. Gott war ein furchterregender, strafender Gott, ein Gott der Rache über alles gottlose Treiben der Menschen, und diesen Gott galt es durch Opfer und Gelübde zu besänftigen und zu bewegen, helfend in die Not ihres Lebens einzugreifen. So gipfelten diese durch Jahrtausende praktizierten religiösen Kulthandlungen und Lehren der Religion, durch die die Menschen dazu angehalten wurden, Opfer zu bringen, um Gott für sie gnädig zu stimmen, in den absurden Vorstellugen von dem von Gott verlangten Opfertod seines geliebten Sohnes. Das

Lamm Gottes, das geschlachtet werden mußte, auf daß sein Blut uns mit Gott versöhnte, ist eine Lehre, die auf das Schlachten des Opferlammes der Juden zum Fest der Versöhnung zurückgeht.

So sehen wir in der Lehre der christlichen Religion die für die Menschheit tragische Mißdeutung der Frohen Botschaft Jesu von der absoluten Liebe Gottes, durch die Er sich mit uns für ewig verbunden hat, und so kann diese Kraft in uns nicht durch diese Religion entbunden werden. Wir bleiben mit allem eifrigen Glauben an den Opfertod Jesu unerlöst, der Sonderung von unserer Wahrheit ausgeliefert, und wir verderben, ohne unseren Sinn erfüllt zu haben. Diese bald zweitausend Jahre Christentum beweisen in ihrer grausamen, ungöttlichen, lieblosen Geschichte, daß es hier nicht um die Frohe Botschaft von dem Reich Gottes inwendig im Menschen gegangen ist, sondern um unzulängliche Deutungen dieser Botschaft, die verzerrt, verfälscht und zu dem Zwecke mißbraucht worden ist, die Macht religiöser Institutionen aufzubauen, die Menschen an sie zu binden und in den Dienst ihrer Interessen zu stellen. Um dieses zu erzielen, sind die Lehren von der grundsätzlichen Unvollkommenheit und Sündhaftigkeit des Menschen notwendig, die ihn abhängig machen von der Verheißung eines ewigen Lebens nach dem Tode, wenn er in Treue und im Glauben den religösen Lehren zugetan gelebt hat.

Was soll geschehen, damit die Macht dieser uns irreführenden und unsere Wahrheit verdeckenden Lehren gebrochen wird? Nur das Wiederkommen Christi kann uns aus dem Bann der Unchristlichkeit retten, nur die Enthüllung des in unsere Schöpfung von Anfang an hineingelegten Geistes des Schöpfers kann uns erlösen. Der heilige Geist, der der Geist des Lebens aus dem göttlichen Urquell allen Seins ist, muß entdeckt werden als unsere Lebenswirklichkeit schlechthin, als die Kraft des Schöpfers, von der unsere Schöpfung konzipiert wurde und die diese Konzeption allein verwirklichen kann. Nur diese Kraft bewirkt die Menschwerdung im Sinne des Schöpfers, und es war diese Kraft, die Jesus entdeckte und verkündigte. Deshalb ist sein Evangelium wahrhaft die für uns Menschen wichtigste und froheste aller Botschaften, und wir müssen es wieder verkündigt bekommen und zum Glauben erweckt werden an unsere Urbeziehung zu dem allmächtigen Schöpfer.

5
Die falsche Auslegung
der Frohen Botschaft

Es nützt den Menschen nichts, wenn sie an Christus in Jesus glauben und dadurch nicht zum Glauben an Christus in sich aufwachen. Die Geschichte des Christentums beweist die Unwirksamkeit des Glaubens, der sich mit dem Christusmenschen Jesus beschäftigt und ihn als den Erlöser anbetet, während die Christen bewußtlos bleiben gegenüber der allein erlösenden Kraft der in jedem Menschen wesenden Christuswirklichkeit. Solange Jesus als der alleinige Sohn Gottes angesehen wird und wir an seinen Kreuzestod als die uns mit Gott versöhnende Tat glauben, ändert sich in unserem Leben nichts Wesentliches. Wir werden keine wahren Nachfolger dieses vor Gott richtiggestellten Menschen, wenn wir nicht zu dieser Richtigstellung vor dem Göttlichen in unserer Schöpfung kommen.

Nur wenn wir in Christus leben als in der in unserer Schöpfung wesenden menschbildenden Kraft Gottes, können wir uns Christen nennen. Dann erst sind wir erlöst aus der Verhaftung an der Sünde als der Sonderung und wir entfalten die Macht unserer Kindschaft zu Gott.

»Ich habe euch ein Beispiel gegeben!« ruft Jesus aus, und ein Beispiel ist etwas, das wiederholt werden kann. Das bedeutet, daß wir gleich Jesus die vollkommene Liebe zu unserem Schöpfer vollziehen müssen, daß wir uns dessen bewußt werden müssen, als Geschöpfe Gottes von dem Wirken seines Geistes abhängig zu sein, um in unserer Schöpfung weiterzukommen und den Sinn Gottes mit ihr zu erfüllen. Dieser Sinn ist Gottesoffenbarung durch uns, und wer offenbart Gott außer Gott! Wenn Gott nicht in unserer Schöpfung anwesend wäre, dann würden wir auch nicht fähig sein, unseren Sinn zu erfüllen und das Reich Gottes in dieser Welt zu verwirklichen. Die Verzögerung der Menschwerdung sowie die Verhinderung des Kommens des Reiches Gottes durch uns liegt allein an der falschen Interpretation der Frohen Botschaft des Jesus von Nazareth durch die Kirche.

Welche Tragödie diese Mißdeutung des Evangeliums für die ganze Menschheit ist, wird uns erst aufgehen, wenn Christus wiederkommt, das heißt wenn wir die in unserer Schöpfung wesende Kraft des Schöpfergeistes zur Vollendung unserer Schöpfung erkennen. Wenn Jesus von dem Wiederkommen Christi spricht, sagt er das geheimnisvolle Wort: »Dann werden heulen alle Geschlechter auf Erden«, damit andeutend, wie es die Menschen erschüttern wird, daß sie diese lange Zeit unwissend gelebt haben um ihre eigene Christuswirklichkeit und so der Sünde unterworfen waren und den von Gott gewollten Sinn nicht erfüllen konnten.

6
Personenkult

Innerhalb der Wissenschaftsbereiche ist es selbstverständlich, eine Entdeckung in erster Linie unter dem Aspekt ihrer Verwendbarkeit zu sehen, nicht hinsichtlich desjenigen, der sie machte. Man umgibt nicht den Erfinder mit Kult und Legende, man beschäftigt sich mit der Auswirkung des neuen Gesetzes auf das bisherige. Der Erfinder ist nicht das Gesetz, sondern das Gesetz enthüllt sich nur durch ihn, er handelt als Werkzeug für etwas, das bis dahin verborgen war.

Es wäre absurd, Menschen, die eine für die Menschheit wichtige Entdeckung machten, als Übermenschen anzusehen und anzubeten; sie sind nur durchlässig für eine bereits vorhandene, aber noch nicht erkannte Wahrheit. Doch innerhalb des religiösen Lebens, das sich mit der Beziehung des Menschen zu der Kraft des Schöpfers beschäftigen sollte, werden die Verkünder neuer Gesetze mit diesen Gesetzen identifiziert, und es entsteht ein Kult um die Person anstelle einer Annahme des von ihr verkündeten Gesetzes. Damit ist die Unwirksamkeit der Verkündigung unvermeidlich, denn diese Verkündigung wird nicht an die erste Stelle gesetzt, sondern der Verkünder nimmt diese Stelle ein. Wir müssen mit Erschütterung feststellen, daß es bei den großen Religionen nicht um die Verwirklichung der Lehre des Erleuchteten geht, sondern um die Verehrung der Person. Die Anbetung des Buddha wie des Jesus von Nazareth und die Legendenbildung um ihr Leben, ihre Erhebung zu Göttern, nicht mit den Menschen vergleichbar, haben dazu beigetragen, daß ihre Entdeckung der Beziehung des Menschen zum Schöpfer und die Notwendigkeit der Unterordnung unter seinen Willen verlorengingen und die Anbetung ihrer Person an diese Stelle trat.

Die größte Entdeckung der im Menschen wesenden Kraft des Schöpfers, wie sie in der Verkündigung Jesu von der Anwesenheit dieser Kraft in unserer Schöpfung geschah, die er das Reich Gottes nannte, ist von den Menschen nicht erkannt worden.

Man beschäftigt sich mit dem Gekreuzigten und glaubt an die erlösende und uns mit Gott versöhnende Tat seines Todes, man feiert seine Geburt, sein Leiden und seinen Tod und erkennt nicht, daß seine Entdeckung der in uns wesenden Kraft Gottes ohne Wirkung auf unser Leben bleibt und wir ihn damit zur Unwirksamkeit verurteilen hinsichtlich unserer Erlösung aus dem Zustand eines Teil-Lebens im Vergänglichen.

Das wirkliche und vollmächtige Leben, das er als Gesetz entdeckte und verkündigte, ist die Kraft des Schöpfers in unserer Schöpfung. Seine Aufforderung, uns dieser Kraft zuzuwenden, daran zu glauben und sie in unser Leben einzubeziehen, ist von uns nicht erkannt und nicht angenommen worden. Wir erschöpfen uns in der Beschäftigung mit seiner Person, und wir erkennen nicht, daß allein die Kraft des Schöpfers, die hier wirksam wurde, für uns von Bedeutung ist.

Nicht Jesus ist unser Erlöser, sondern das Reich göttlichen Seins in uns selbst, das er verkündigte, ist das für uns Erlösende unseres Lebens.

7
Der jenseitige Gott

Es kann für uns kein größeres Anliegen geben, als uns nach innen zu wenden und hier, in unserer Schöpfung, die Verbindung mit der Kraft Gottes aufzunehmen. Hier, wo wir sind und wo Schöpfung ist, müssen wir Gottes Kraft und Weisheit erkennen, und hier ist der Ort der lebengebenden Verbindung mit Ihm, der alles in allem ist.

Der jenseitige Gott ist eine Erfindung der um Gottes Kraft in sich nicht Wissenden, ein Gott der Religionen, der menschlich begrenzten Vorstellungen und Lehren von Gott, die Macht über die Menschen ausüben und sie in ihren Dienst stellen. Damit bleibt die Menschwerdung, wie sie der Schöpfer gewollt hat, unterbrochen, und wir entfalten aus unserer Unwissenheit um die in uns wesende Kraft Gottes diesen ungöttlichen Pseudo-Menschen, der sich selbst und seiner Welt zum Unheil wird. Dieser Mensch der Sonderung von seiner Gotteswirklichkeit, die Christus in ihm ist, seine spirituelle Wirklichkeit, muß verderben und entarten, denn da erst diese Kraft des Schöpfers in ihm die menschbildende Kraft ist, so bedeutet die Bewußtlosigkeit gegenüber dieser Kraft die Unterbrechung der von dem Schöpfer gewollten Menschwerdung. Aus uns selbst als Geschöpfe können wir keine Menschen nach der Konzeption des Schöpfers werden. Erst durch die Annahme seiner Kraft in uns beginnt unsere Menschwerdung.

Der Aufforderung der Heiligen und Erleuchteten, zuerst und vor allen Dingen auf diese Kraft in uns in Liebe und

Anbetung, in Ehrfurcht und Gehorsamkeit ausgerichtet zu leben, sind wir nicht gefolgt. Wir bleiben in der Sonderung vom Ursprung und Schöpfer unseres Lebens und unterbinden dadurch selbst sein Wirken in uns.

Nichts können wir tun, um unsere Schöpfung zur Sinnerfüllung zu führen, ohne die Einbeziehung dieser Kraft des Schöpfers in unser Bewußtsein und ohne ihre ständige Anbetung. Die Liebe zu Gott als die erste und vornehmste aller Forderungen und die Anbetung seiner Gegenwart ohne Unterlaß haben wir nicht als die Voraussetzung für unsere Menschwerdung verstanden. Wir sind verhaftet den uns überlieferten Vorstellungen unserer Religionen von einem Gott in fernen Himmeln, den wir anbeten, während wir gleichgültig und ehrfurchtslos mit seiner Wohnstätte, unserem Körper, umgehen und ihn in den Dienst unserer Willkür stellen. So bleibt Gott ohne Möglichkeit seiner Offenbarung durch uns, und wir tragen bei zur Gottlosigkeit unserer Welt.

Wenn wir Gott recht erkennen als den Schöpfer und Urheber alles dessen, was geschaffen ist, so müssen wir auch uns selbst erkennen als seine Kraft in Offenbarung und begreifen, daß wir auf diese Kraft ausgerichtet leben müssen, damit sie sich durch uns offenbaren kann. Es kann für uns keinen anderen Weg zu Gott geben als den Weg der Verinnerlichung, den Weg zur Bewußtwerdung dessen, daß wir Gottes Kraft in dieser Offenbarung sind und daß die Einheit mit ihr die Voraussetzung für unsere Menschwerdung ist.

8
Das Böse

Die Aufforderung des Jesus von Nazareth an seine Nachfolger, nicht Widerstand zu leisten dem Bösen, können wir erst dann verstehen, wenn wir das Geheimnis des Bösen erkennen als das Geheimnis der Bewußtlosigkeit des Menschen gegenüber dem allein Guten, dem Göttlichen in ihm. Dieser Zustand macht den Menschen böse im Sinne geschöpflicher Verkehrtheit. Er handelt aus seinem Ego, aus seiner Willkür und Vergänglichkeit, er ist aus dem Rhythmus des schöpferischen Geschehens gefallen, unwissend um die Einheit allen Lebens im Ursprung. Er ist dem Wahn verfallen, daß er als Geschöpf mit seiner Schöpfung nach Gutdünken umgehen und den Wünschen und Begierden seiner Person nachgehen kann, ohne Rücksicht auf den anderen. Der herrschende Egoismus des Menschen führt zum Kampf aller gegen alle, zu einem instinktiven Widereinander, aus dem Bestreben heraus, das egozentrierte Leben zu erweitern.

Das Wort Jesu: »Wer sein Leben behalten will, wird es verlieren; wer sein Leben verliert um meinetwillen, wird es gewinnen«, drückt die Notwendigkeit aus, ein auf das Ego zentriertes Leben aufzugeben und das Leben aus Christus, aus dem Schöpfergeist, zu gewinnen.

Hier liegt das Geheimnis des Aufwachens des verlorenen Sohnes zu dem Schöpfergeist in Offenbarung und der Umkehr zu dieser Wahrheit. Mit dieser Umkehr erlebt der Mensch seine Zugehörigkeit zu allen Kräften des von Gott ausgehenden Lebens, er weiß sich in der Einheit mit dem

Schöpferprinzip und kann aus diesem Prinzip alles bekommen, was er für die Erfüllung seines geschöpflichen Sinns braucht. Er ist nicht angewiesen auf das Streben nach Bereicherung, denn er erlebt, daß dieses Leben Gottes in ihm ist. Er hat jene Dimension in sich erreicht, wo der Schöpfergeist herrscht, und er hat nur ein Verlangen, sein Ego, seine Willkür, zu überwinden, um mit diesem Geist eins zu sein und aus seinen unerschöpflichen Tiefen zu schöpfen.

Wer in der Erkenntnis dieses Lebens aus dem Ursprung lebt, wer ausgerichtet lebt auf die Schöpferkraft in sich, der weiß um das Geheimnis des Bösen als Folge der Sonderung des Menschen von dem allein Guten. Für ihn ist jeder Kampf des Menschen gegen die Folgen seiner Gottlosigkeit ein Kampf gegen Symptome und deshalb zutiefst ohne Erfolg. Aus dem Zusatand seiner geschöpflichen Verkehrtheit zeugt der Mensch wider Willen das Böse, das Verkehrte. Die Ursache des Bösen, die in einem Teil-Leben des Menschen aus seiner Vergänglichkeit liegt, muß aufgehoben werden. Die Richtigstellung vor dem uns gemäßen Leben aus Gott hebt das Böse auf. Das Böse hat in sich keine Wirklichkeit, es entspringt nicht dem allein Wirklichen, dem Schöpfergeist, und es kann nur so lange bestehen, bis der Schöpfergeist erkannt und angenommen worden ist.

9

Die Erbsünde

Es geht in dem, was wir Religion nennen, bis jetzt um eine Annahme menschlich begrenzter Vorstellungen von Gott und unserer Versöhnung mit Ihm durch den Glauben an von Menschen ausgedachte Erlösungslehren. Die sogenannte christliche Religion lehrt uns, daß wir durch die Anerkennung der Autorität der Kirche und ihrer Dogmen, durch den Glauben an den Kreuzestod des Jesus von Nazareth und die Einhaltung der Gebote dieser Religion hoffen können, einen gnädigen Gott in einem Jenseits zu finden und aufgenommen zu werden in dem Reich Gottes. Nach der Auffassung unserer Religion bleiben wir in dieser Welt unter dem Fluch der Erbsünde und können nicht ein vor Gott gerechtes Leben führen, sind wir nicht der Heiligkeit fähig und haben nicht die Kräfte in uns, die zur Erfüllung unseres geschöpflichen Sinns führen, sind wir allesamt Sünder und können nur durch den Glauben an die herrschenden Lehren unserer Religion die Hoffnung haben auf eine Erlösung nach dem Tode aus dem Unvollkommenen und Unheiligen, die uns durch das Abwenden des ersten Menschenpaares von Gott anhaften!

Diese Lehre von der Erbsünde und der Unvollkommenheit des Menschen ist die Grundlage der Macht der Religion, denn aus diesem Zustand der Sonderung oder der Bewußtlosigkeit gegenüber der in unserer Schöpfung wesenden Kraft Gottes zur Vollendung unserer Schöpfung werden wir abhängig von denen, die uns das Heil verheißen, wenn es auch erst in einem Jenseits zu erlangen ist. Unsere Not, unsere Unvollkommenheit, unsere Anfälligkeit für die Mächte der Sünde treiben uns in die Arme der Religionen, die uns die Verheißung der Erlösung geben. Daß diese Verheißung sich nicht nachprüfen läßt, macht es den Religionen leicht, ihre Macht auszuüben.

Daß in dieser Lehre von der Erbsünde eine Gotteslästerung liegt, darauf kommt der Mensch nicht, da er ja am eigenen Leibe seine Neigung und Anfälligkeit für die Sünde ständig erlebt. So ist es ihm leicht zu glauben, daß der Mensch eine unvollkommene Schöpfung Gottes ist und der Hilfe eines Erlösers bedarf, um die Hoffnung auf eine einst kommende Versöhnung mit Gott hegen zu dürfen.

Aus diesen Vorstellungen der grundsätzlichen Sündhaftigkeit des Menschen, die uns aufgezwungen werden durch die absurde Lehre von der Erbsünde, müssen wir erlöst werden durch die Verkündigung des wahren Evangeliums von dem göttlichen Ursprung allen Lebens. Durch den ständig von einem Geschlecht zum anderen überlieferten Glauben an die Unvollkommenheit unserer Schöpfung erben wir die Bewußtlosigkeit gegenüber der Schöpferkraft, welche in uns am Werke ist, und die, wenn sie von uns angenommen wird, uns zur Menschwerdung im Sinne des Schöpfers führt.

10
Der verlorene Sohn

Aus dem Gleichnis vom verlorenen Sohn geht eindeutig hervor, daß die Sonderung von dem Ursprung, von Gott, den Menschen mit Notwendigkeit in das äußerste Elend hineinführen muß. Mit allem Aufgebot an einer willkürlichen Geistigkeit, mit allen Versuchen, sein Leben selbst zu führen und zu bestimmen, muß der Mensch scheitern, weil er als Geschöpf unlöslich mit dem Schöpfer verbunden ist und in jedem Augenblick von der Schöpferkraft abhängig ist. Es gibt keinen Weg außerhalb Gottes, der zum Leben führt. Der Mensch, der sich als Schöpfer seines Lebens wähnt und glaubt, nach eigenem Gutdünken über seine Schöpfung verfügen zu können, kommt unweigerlich unter den Fluch des verlorenen Sohnes. Er erntet Not auf Not, ohne zu erkennen, was ihm not tut. Erst in der letzten Phase seines Elends, wenn es keinen Weg mehr gibt, dem Verderben zu entrinnen, erinnert er sich seines Ursprungs und geht zurück zum Vater.

Es ist diese Umkehr zu Gott, die Bewußtwerdung seiner selbst als eines Kindes Gottes, die die Rettung und Erlösung aus den verderbenden Mächten der Sonderung herbeiführt. Die Sonderung vom göttlichen Ursprung muß aufgehoben werden, der Mensch muß sich erinnern, er muß in die Tiefe seiner Schöpfung hineinsteigen und erkennen, daß er als eine Schöpfung Gottes in Gottes Hand verbleiben und von Ihm seine Kraft empfangen muß, soll er jemals in der Menschwerdung weiterkommen und seinen Sinn als ein Gott offenbarendes Geschöpf erfüllen. Der verlorene Sohn erlebt in seinem Weggehen vom Vater die verhängnisvolle Unterbrechung seiner Schöpfung, die zur Entartung und zur Sinnlosigkeit führt. Kein Geschöpf kann ohne Hingabe an die Schöpferkraft gedeihen, aus der es hervorgegangen ist; die Einheit zwischen Schöpfer und Geschöpf ist die Voraussetzung für die Vollendung jedes Geschöpfes. Diese Erkenntnis der grundsätzlichen Abhängigkeit von Gott führt zurück zum Ursprung und damit zur Wiederherstellung der geschöpflichen Ordnung des Menschen vor Gott.

Diese Umkehr muß von uns allen vollzogen werden, sollen wir aus der Not unseres Irrens und unserer Selbstentfremdung erlöst werden. Aber was bedeutet diese Umkehr, und wie wird sie vollzogen? Auf dieselbe Weise, wie sie bei dem verlorenen Sohn geschah. Der verlorene Sohn erinnerte sich, wer sein Vater ist und er erhob sich aus dem Zustand seiner Selbstherrlichkeit und seiner Willkür, um sich dem Vater zu unterstellen, um seine geschöpfliche Beziehung zu dem Schöpfer zu erneuern. Diese Bewußtseinserweiterung mit dem Wissen um unsere Kindschaft zu Gott und die daraus folgende Umkehr zu dem göttlichen Geheimnis unseres Lebens sind die Voraussetzung für unsere Heilung aus dem Zustand unserer Unheilheit. Weil wir geschöpflich verkehrt leben, ohne Unterordnung unter den Schöpfer, müssen wir Not und Verderben, Sinnlosigkeit und Entartung ernten, aber sobald wir uns vor Gott richtigstellen, Ihn als unseren Schöpfer erkennen, beginnen die Verwandlung und Erneuerung unseres Lebens, und die Kräfte des wirklichen Lebens, die von Gott ausgehen, finden Einlaß bei uns und können unsere Schöpfung zur Sinnerfüllung führen.

Bei Gott hat es keine Lossagung von seinem Geschöpf

gegeben, denn Er ist unlöslich an seine Schöpfung gebunden, weil Er zutiefst diese Schöpfung ist, weil das Sein Gottes in dem Geschöpf wirkt und sein Leben durchdringt. Aber wenn der Mensch ohne Gottesbewußtsein lebt, ohne Bewußtsein seiner Kindschaft zu Gott, kann die Verbindung mit dem göttlichen Ursprung sich nicht auswirken, denn der Mensch lebt nicht auf Gott gerichtet, und so erlebt er nicht das Einströmen schöpferischen Lebens. Er verschließt sich seiner Seele durch das Verbleiben in Willkür und Eigensinn, er begrenzt sich in seiner Vergänglichkeit, und obwohl Gott fortfährt, ihn mit seinen Kräften am Leben zu erhalten, ist der Mensch sich dieser ständig ihn umgebenden Gnade Gottes nicht bewußt. Er stellt nicht durch Liebe und Glauben die Verbindung mit seiner eigentlichen Lebenswirklichkeit her, die Gott ist, sondern er fühlt sich selbst verantwortlich für das Gelingen seines Lebens und bemüht sich ohne Erfolg, sinnvoll zu leben.

Weil Gott der Ursinn alles dessen ist, was ist, so muß der Mensch auf Gott gerichtet leben, im vollen Bewußtsein seiner geschöpflichen Abhängigkeit von Ihm. Je gottesbewußter der Mensch wird, um so lebensbewußter, um so bewußter der ihm zur Verfügung stehenden Kräfte ewigen Lebens wird er. Die Umkehr zu Gott ließ den verlorenen Sohn die große Verwandlung erleben, denn Gott nahm ihn an als seinen Sohn und kleidete ihn in das Lichtkleid seiner göttlichen Natur und setzte ihm den Ring als Symbol der Einheit auf seinen Finger und führte ihn hinein in sein Erbe. Im Bewußtsein Gottes war er der Sohn geblieben, daran hatte sich nichts geändert, und so geschah es, daß Gott ihn ohne Vorwürfe, ohne Strafe empfing. Der Mensch hatte Gott als seinen Vater vergessen, aber Gott blieb bei seinem

Sohn und wartete nur auf sein Aufwachen zu der Erkenntnis seiner unlösbaren Beziehung zu Ihm, auf daß er eingesetzt werden konnte in die Macht und Herrlichkeit des geliebten Sohnes. »Sohn, alles was mein ist, ist Dein.«

11
Der Erlöser

Die Sehnsucht des Menschen nach Erlösung entspringt dem unbewußten Wissen, daß etwas in ihm gebunden liegt, das in sein Leben einbezogen werden muß, auf daß der Mensch in seiner Schöpfung heil wird und sich zum Heil für seine Umwelt auswirken kann. Der Mensch leidet in dem Zustand seiner Sonderung von der menschbildenden Kraft des Schöpfers in sich und sucht auf vielen Wegen, von diesem Leid erlöst zu werden. Er wird anfällig für die verschiedenen Erlösungslehren der Religionen und kommt unter das Verhängnis von menschlich begrenzten Vorstellungen von Erlösung, und anstatt die ersehnte Entbindung der in ihm selbst wesenden Schöpferkraft zu erleben, erlebt er die Bindung an diese Vorstellungen und damit das Verbleiben in dem Zustand der Selbstentfremdung.

Es geht aber nicht um die Bindung des Menschen an religiöse Lehren von Erlösung, nicht um den Glauben an einen Erlöser außerhalb seiner Schöpfung, sondern es geht allein um die Bewußtwerdung des Menschen der in seiner Schöpfung wesenden erlösenden und heilenden Kraft des Schöpfers. Weder der Glaube an Buddha oder Jesus als unseren Erlöser noch die Einhaltung der uns überlieferten religiösen Gebote können dazu beitragen, die in unserer Schöpfung wesende Schöpferkraft zu aktivieren. Die erleuchteten und zu ihrem Wesen vorgedrungenen Menschen können erst dann auf uns erlösend und heilend wirken, wenn wir sie als Beispiele und Wegweiser erkennen und durch sie zum Bewußtsein der auch in uns anwesenden Kraft Gottes aufwachen und uns auf sie ohne Unterlaß ausrichten. Diese Kraft ist die Erlösung eines jeden Menschen, sie ist das Schöpferprinzip, das seine Schöpfung zur Vollendung führt.

Solange der Mensch nicht zu der Anwesenheit dieser Kraft in sich aufgewacht ist und sie nicht ohne Unterlaß anbetet, nicht in ihr ruht wie die Pflanze im Erdreich, solange bleibt er in dem Zustand der Unerlöstheit, in dem Zustand des verlorenen Sohnes, und er verfällt der Sinnlosigkeit, denn der Sinn einer jeden Schöpfung ist die Offenbarung der Kraft, aus der sie hervorgegangen ist. Mit ihr verbunden zu leben, bedeutet, erlöst zu werden aus der Enge eines dem Willkürlichen und Vergänglichen verhafteten Teil-Lebens, das uns leiden läßt und uns unfähig macht, unseren geschöpflichen Sinn zu erfüllen. Solange die Hinwendung zu dieser uns innewohnenden Schöpferkraft zur Erfüllung unseres geschöpflichen Sinns nicht eintritt, solange bleiben wir unerlöst, in uns unheil, und wir erleben, daß wir uns wider Willen zum Unheil für unsere Welt auswirken.

Die Lehren der Religionen, daß der Glaube an einen Erlöser uns erlösen kann aus den Nöten unseres Pseudo-Lebens, fern der allein erlösenden Kraft des Schöpfers in uns selbst, haben dannn keine Gültigkeit mehr.

12
Der in uns gekreuzigte Christus

Wir sollten erkennen, daß Jesus von Nazareth nicht der alleinige Sohn Gottes war; er wirkt für uns dadurch erlösend, daß er zum Bewußtsein der Gotteskindschaft eines jeden Menschen kam und uns zur Umkehr zu dem uns von Gott gegebenen Leben und zur Einkehr in dieses Leben aufruft, auf daß wir zu seiner Offenbarung werden, unseren geschöpflichen Sinn damit erfüllend.

»Ich habe euch ein Beispiel gegeben, folget mir nach!« war seine Aufforderung, und was ist ein Beispiel, wenn es nicht nachvollzogen werden kann! Wir alle tragen als Geschöpfe Gottes in uns die Kraft zur Menschwerdung in seinem Sinne, aber solange wir nicht auf diese Kraft ausgerichtet leben, uns nicht ihren Weisungen unterstellen, können wir nicht Menschen werden, die zu ihrer Offenbarung werden, denn wer offenbart Gott außer Gott allein? Wäre seine Kraft uns nicht durch unsere Schöpfung mitgegeben worden, wie sollten wir sie jemals durch uns zur Offenbarung bringen?

Nicht der Glaube an Jesus und an seinen Tod hat jemals einen Menschen erlöst und in seiner eigenen Wahrheit als Kraft Gottes in Offenbarung entbunden, sondern allein das Vertrauen in unsere Gotteswirklichkeit, in Christus in uns, kann zu einer Erlösung dieser Kraft durch uns führen. Dann werden wir zu wahren Nachfolgern des in Christus lebenden Menschen Jesus.

Wir bauen Kirchen und Kathedralen zu Ehren eines Menschen, der vor zweitausend Jahren lebte, und zelebrieren

Gottesdienste und nehmen an Sakramenten teil, die vorge-
ben, uns mit Jesus Christus als unserem Erlöser zu verbinden, und erkennen nicht, daß all unsere religiösen Beschäfti-
gungen uns nicht christlicher, spirituell lebendiger, machen,
unsere Seele als unsere Lebenswirklichkeit nicht entbinden,
uns nicht miteinander im Ursprung verbinden und uns nicht
zu Liebenden machen.

Christus bleibt mit allen unseren Hinwendungen zu Jesus
von Nazareth, mit allen unseren Bekenntnissen zu seiner
Auferstehung in uns gekreuzigt, er leidet Gewalt und wird
von uns verleugnet, aus unserem Leben verbannt.

Christus als die uns von Gott gegebene menschbildende
Kraft hängt auf dem Kreuz unserer Bewußtlosigkeit gegenüber seiner ständigen Anwesenheit.

Es geht nicht um Jesus, sondern um die in ihm wirkende
Christuskraft, die nicht nur ihm innewohnt, sondern das
Licht ist, das alle Menschen erleuchtet, die in diese Welt
kommen.

Es geht allein um die Annahme dieses Lichtes in uns, um
die Erkenntnis seiner nie aussetzenden Gegenwart, sollen
wir Christen von Christus erfüllte Menschen werden. Der
unchristliche Zustand der sich christlich nennenden
Menschheit legt ein erschütterndes Zeugnis davon ab, daß
wir die Frohe Botschaft Jesu von unserer Urbeziehung zu
Gott nicht verstanden haben, daß wir die Umkehr zu Christus in uns nicht vollzogen haben, daß wir mitten in allem
Glauben an Christus in Jesus unsere eigene Christuskraft
verleugnen.

13
Benötigt die Kirche
den sündigen Menschen?

Das Christentum erzieht den Menschen nicht zum Erkennen seiner Wahrheit als Träger des Schöpfergeistes, es führt ihn nicht hinein in die königliche Freiheit seiner Kindschaft zu Gott, sondern es bindet den Menschen an seine Dogmen und Lehren, die ihn einem Sündenbewußtsein verhaften, das ihn unter den Fluch der Erbsünde stellt und ihn durch die Not des Pseudo-Lebens, das er führt, abhängig macht von den hier angebotenen Erlösungslehren und ihn zum Dienst an der Macht der Kirche verpflichtet, sollen ihm die Gnade Gottes und das ewige Leben im Jenseits zuteil werden.

Die Kirche braucht, um ihre Vormundschaft über ihre Anhänger zu behalten und diese von ihren Erlösungslehren abhängig zu machen, offenbar den Zustand der Sünde. Der Zustand der Sonderung des Menschen von der in ihm wesenden, ihn allein erlösenden Kraft des Schöpfergeistes ist eine Grundlage kirchlicher Macht. Wenn die Kraft, die allein die Menschwerdung im Sinne des Schöpfers bewirkt, nicht in das Bewußtsein des Menschen mit einbezogen ist, kann es nicht zur Erfüllung des Sinns des Menschen kommen, und der Mensch geht als eine verpaßte Inkarnation des Schöpfergeistes zugrunde. In diesem Zustand wird er von denen abhängig, die sich als Vertreter der Wahrheit und des Heils des Menschen ausgeben, und so wird er ein Opfer der herrschenden Religionen, und er glaubt, daß er durch das Bekenntnis zu ihren Vorstellungen von Gott und Erlösung spätestens in einem Zustand nach dem Tode der Gnade Gottes teilhaftig wird.

Ähnliches bietet sich in allen Religionen dar. Der Priester wird zum Vertreter der Gottheit und unter feierlichen Riten in sein Amt als Diener seiner religiösen Institution eingeführt; ihr hat er zu gehorchen und ihre Satzungen und Dogmen treu zu verkünden. Weicht er von der Lehre ab, wird er aus seinem Amt verstoßen; glaubt er, Gottes Wort in seinem Leben mehr gehorchen zu müssen als dem Wort der Religion, der er dient, ist er ein Abtrünniger, ein Ketzer, und als ein solcher wird er verfolgt und verfemt.

Nicht das Göttliche im Menschen, nicht der Geist, aus dem er geschaffen ist, wird als Führer des Menschen anerkannt, sondern Dogmen und Lehrmeinungen.

So dienen Religionen ihrer eigenen Macht und Entfaltung und buchen ihre Erfolge als Erfolge Gottes über sein Geschöpf Mensch! Welcher Verblendung und Irreführung der ihnen anvertrauten Menschen machen sich diese religiösen Institutionen schuldig, und wie werden sie einst in sich zusammenbrechen, wenn Gott, der Schöpfer, in seinem Geschöpf Mensch erkannt und angenommen wird!

14
Der Stammesgott

Welch eine groteske Situation, daß der Mensch auf dem
Schlachtfeld Gebetbücher austeilt und Gottesdienste abhält,
um sich für die Schlacht zu stärken, ohne sich dessen bewußt
zu sein, daß er dabei ist, das von Gott geschaffene Leben zu
vernichten! Welch eine Verwirrung herrscht in diesen Religionen, welch eine Irreführung des Menschen, daß sie ihn in
Vorstellungen von Gott erziehen, die es ihm ermöglichen,
mit gutem Gewissen seinen Bruder zu töten, die Schöpfung
Gottes zu zerstören und zu verwüsten! Jede Nation nimmt
Gott für sich in Anspruch, bittet Ihn um Beistand für
egoistische Wünsche, für eigenes Machtstreben und hofft
auf den Sieg durch göttliche Vorsehung. Noch »lebt« die
Menschheit unter der Vorstellung von einem Gott, der
zugunsten der Gläubigen gegen seine Schöpfung kämpft, der
sein eigenes Werk auf Wunsch der Menschen vernichtet.

Über die Vorstellung von einem »Stammesgott« sind wir
nicht hinausgekommen, und der Mißbrauch des Wortes
»Gott« schreit zum Himmel. Gott hat den Menschen geschaffen, nicht Nationen; Gott ist der Schöpfer aller Menschen, von Arabern und Israeliten, von Russen und Ameri-
kanern. Er hat seine Schöpferkraft in uns alle hineingelegt,
auf daß wir dieser Kraft in Ehrfurcht und Liebe zugewandt
leben, nicht nur in unserer eigenen Schöpfung, sondern auch
in der Schöpfung unserer Mitmenschen. Welches Land hat
das Recht, seine Jugend zum Morden und Verwüsten zu
erziehen, sie kaltblütig in den Tod zu schicken, damit sie

seinen Zielen und Machtansprüchen diene? Das Gebot: Du sollst nicht töten! – gilt es nicht auch für die Staaten? Ist das Morden im Namen der Nation etwas anderes als der Mord, der mit lebenslänglicher Strafe gesühnt werden muß? Können wir Gott in die Kriege als Schutzpatron unserer tödlichen Raubzüge einbeziehen? Wie vermögen wir einen solchen Gott zu verkraften, den wir bewegen wollen, Hilfe zu leisten für die Zerstörung seiner Geschöpfe?

»Gott hat den Tod nicht gemacht, und Er hat nicht Lust am Verderben der Lebendigen, sondern Er hat alles geschaffen, daß es im Wesen (in Gott) bleiben soll.« Aber wir sind aus unserem Wesen, aus Gott, gefallen und gehen mit dem Leben nach Gutdünken um und schaffen uns erbärmliche Bilder von einem Gott, den wir für unsere Wünsche einspannen können. Welche Gotteslästerung liegt in der Bitte zu Gott, er möge meine Feinde vernichten und mich zu Ehren kommen lassen! Welche Finsternis herrscht in dieser Menschheit, welche Gottlosigkeit diktiert ihr Tun! Da Gott unser Leben ist, kämpfen wir gegen Gott, wenn wir gegen unsere »Feinde« kämpfen.

Die Erlebniskräfte der Menschen für das ungeheuerliche Geschehen der Kriege sind nicht entwickelt. Die Menschen werden erzogen in Klischees, in überlieferten Vorstellungen von ihrer Pflicht gegen diese gottlosen Gebilde, die sie *ihr* Land nennen, *ihr* Volk, *ihre* Nation. Ist nicht Gott der Schöpfer und Urheber aller Völker und sind sie nicht alle wesenhaft eins in Ihm, der alles in allem ist? Wann werden wir unsere Gemeinschaft in dem von urher Gemeinsamen, in dem Schöpfergeist, erkennen und erlöst werden aus diesen uns verderbenden und die Schöpfung verwüstenden Mächten unserer geschöpflichen Verkehrtheit, aus der dieses instinktive Widereinander immer wieder zu tödlichen Auseinandersetzungen, zu Revolutionen und Kriegen führen muß? Wir sind Opfer von Besessenheiten, von Dämonien, die ihr böses Spiel mit der Menschheit treiben und sie immer wieder aufpeitschen zum Kampf aller gegen alle, zu ständigen Kriegen, die Menschenleben und Zivilisationen vernichten, ohne daß wir durch die Nöte, die wir erleiden, endlich aufwachen zu dem, was uns allein not tut: die Bewußtwerdung unserer geschöpflichen Zugehörigkeit zu dem allmächtigen Schöpfer und die daraus folgende Einheit in Ihm, der unser aller Leben ist.

Es geht nicht darum, daß wir den Krieg bekämpfen, der nur *ein* Symptom unserer Bewußtlosigkeit gegenüber dem Schöpfergeist ist, sondern wir müssen aus dieser Bewußtlosigkeit befreit werden, wir müssen uns selbst erkennen in unserer Zugehörigkeit zueinander und wissen, daß wir einem anderen nichts Böses antun können, ohne uns selbst zu treffen. Das Gesetz von Ursache und Wirkung können wir nicht aufheben. Wer Haß sät, muß Haß ernten. Wer zum Schwert greift, wird vom Schwert getroffen werden. Wer tötet, tötet sich selbst, denn das wahre Selbst in mir ist das wahre Selbst in meinem Nächsten. Das Schöpferprinzip als das Leben, das uns alle lebt, ist das uns einende Prinzip des Schöpfergeistes, und im Bewußtsein dieses Geistes zu leben, heißt seinen Nächsten zu lieben, heißt das Leben in allen seinen Offenbarungen zu schützen. Hier kann es keine Trennung geben, denn wenn Gott, der Schöpfergeist, alles in allem ist, wo bin dann ich, und wo ist mein Nächster? Treffe ich nicht mein wahres Selbst, wenn ich meinem Nächsten Schaden zufüge?

Wie tief muß die Sonderung des Menschen von seiner

existentiellen Wahrheit sein, wenn er glaubt, durch Kriege und Auseinandersetzungen etwas erreichen zu können! Wie groß ist die Finsternis der Gottlosigkeit in dieser Menschheit, die aus diesem Kampf aller gegen alle nicht herauskommt! Was muß geschehen, auf daß dieser Bann unserer Verlorenheit und unseres Irrens, fern unserer Gotteswirklichkeit, gebrochen wird und der Mensch die Umkehr zu seinem Ursprung vollzieht, die verstanden werden muß als eine Umkehr, nicht nur zu seiner eigenen Seele, sondern auch zu der Seele seines Nächsten und zu der Seele der ganzen Schöpfung!

15
Die Botschaft Jesu

Die uns erlösende und heilende Kraft des Jesus von Nazareth liegt in seiner Botschaft von dem Reich Gottes als dem Reich des in uns aus dem Ursprung allen Seins, aus Gott, wesenden Lebens. Hier entdeckte ein Mensch die Wahrheit unseres Lebens als in der Kraft liegend, aus der wir geschaffen sind, und er rief uns auf, an diese Kraft zu glauben, uns ihr zuzuwenden, uns ihrem Wirken zur Verfügung zu stellen, auf daß sie ihr begonnenes Werk fortsetzen kann, um sich selbst durch uns kundtun zu können. Jesus war ein Mensch wie wir, »doch ohne Sünde«, ohne Sonderung von seiner Wahrheit. Er hatte das Bewußtsein seiner Kindschaft zu dem allmächtigen Schöpfer gewonnen und nahm sie an und wuchs organisch in die Macht seiner Sohnschaft zu Gott hinein.

Dadurch kam er in ein Gegensatzverhältnis zu einer Menschheit, die ohne das Erkennen ihrer Gotteswirklichkeit lebte und keinen Zugang zu der Kraft des von dem Schöpfer ausgehenden ewigen Lebens hatte. So wurde er für seine Mitmenschen ein anderer, ein Fremder, für dessen Art zu leben und zu wirken, sie keine Erlebniskräfte hatten.

Er wurde den Mächtigen dieser Welt zum Ärgernis, denn er stellte ihren Machtsanspruch in Frage, er überführte sie der Gottlosigkeit, er offenbarte ihre Ohnmacht, mit ihren Geboten und Lehren den Menschen zum Heil zu werden. »Die Alten haben gesagt, aber ich sage euch«, war seine für sie untragbare Aussage.

So mußten sie ihn der Irrlehre bezichtigen, der Gotteslästerung, denn ihre Vorstellungen von Gott genügten ihm
nicht, und so lieferten sie ihn dem Tod aus, glaubten, daß es
ihre Pflicht war, seinen Lehren ein Ende zu bereiten.

Aber die Wahrheit, die er entdeckt hatte und die er
unermüdlich verkündigte, überlebte ihn und konnte nicht
vernichtet werden. Er beunruhigte die Menschen, denn er
sprach sie in der verschütteten Dimension ihrer Seele an und
rief sie zur Annahme der Kraft des ewigen Lebens auf. So
entstand die Verkündigung seiner Botschaft durch die Jünger und Apostel, bis auch sie zum Ärgernis und zur Bedrohung der Macht der Mächtigen wurden und von ihnen in
den engen Raum einer neuen Religion hineingezwungen
wurden.

Damit war ihre erlösende und heilende Kraft gebrochen,
und anstelle des Evangeliums von unserer Urbeziehung zu
Gott wurde unsere Abhängigkeit von dem Glauben an die
Dogmen und Lehren der sich christlich nennenden Religion
als die Voraussetzung für unsere Erlösung gepredigt.

Die grausame Geschichte dieser Fälschung der Frohen
Botschaft unserer Gotteskindschaft nahm ihren Lauf, und
wer ihr nachgeht, wird erkennen, daß diese Religion mit
dem Evangelium des Jesus von Nazareth nicht identisch ist,
daß wir durch sie nicht in der uns innewohnenden Kraft des
ewigen Lebens entbunden werden.

16
Das Jüngste Gericht

Das Wiederkommen Christi ist als die Offenbarung des vor Gott richtiggestellten Menschen zu verstehen, als die Erscheinung des wahrhaftigen Menschen schlechthin. Es geht hier nicht um das Wiederkommen des Jesus von Nazareth, sondern um den in Christus, dem Schöpfergeist, lebenden Menschen, um den Wiedergeborenen, der zur Enthüllung der Macht der der Schöpfung des Menschen innewohnenden menschbildenden Kraft Gottes wird. Der Christus-Mensch ist der Sohn und die Tochter Gottes und deshalb ein auf seine Seele ausgerichteter Mensch. In ihm sind bereits die Kräfte der uns noch unzugänglichen Dimension eines anderen Lebens am Werke, er entbindet in sich die Kräfte des Himmels, denn er ist der Mensch vom Himmel, der ganz aus dem Göttlichen in sich lebende Mensch, der von sich bekennt: »Ich kann von mir selbst nichts tun.« Er ist reine Offenbarung des Schöpfergeistes, und die Kraft dieses Geistes vermag die Umwertung aller Werte zu vollziehen, die identisch ist mit dem, was die Bibel das Jüngste oder das Letzte Gericht nennt.

Mit diesem Gericht endet die bisherige Geschichte der Menschheit, die wir als die Geschichte ihrer Gottlosigkeit, die Geschichte des verlorenen Sohnes, verstehen können. Die leidvolle Periode der Selbstentfremdung ist damit zu Ende, denn mit der Offenbarung der Wahrheit des Menschen als in Christus, in dem Schöpfergeist, liegend, ist das Gericht ergangen über die Herrschaft der willkürlichen Geistigkeit des Menschen, die ihn einem Pseudo-Leben auslieferte und ihn zum Widersacher Gottes werden ließ, zum Feind des Lebens, zum Zerstörer der gottgewollten Ordnung. Der verlorene Sohn wird durch die Erscheinung des in seine Seele eingesetzten Menschen auf seine Seele ausgerichtet, er erkennt sich selbst und kehrt zurück zum Ursprung. Das ist mit dem Wiederkommen Christi gemeint, daß der in seiner Wahrheit lebende Mensch zur Enthüllung des jetzt herrschenden unwahren Menschen wird und damit ihn unter das Gericht als die Ausrichtung auf diese Wahrheit stellt.

Wir können nicht nüchtern genug über dieses für die wahre Entwicklung des Menschen entscheidende Gericht denken. Alle sentimentalen und religiösen Vorstellungen der christlichen Religion darüber sind zu überwinden. Es geht nicht um das Ende des Menschen auf dieser Erde, sondern um die Auferstehung des wahrhaftigen, vor Gott richtiggestellten Menschen, der das Reich Gottes hier und jetzt verwirklichen wird.

17
Die Entdeckung der *religio*

Die verschiedenen sich gegenseitig bekämpfenden Lehren und Dogmen der Religionen von Gott und Erlösung beweisen ihre Ungöttlichkeit, denn da Gott alles in allem ist, kann es nur einen Weg zu Gott geben, den Weg der Hinwendung zu seiner Gegenwart in uns und in der Schöpfung der Welt. Wahre *religio* ist wahre Rückverbindung des Menschen mit dem Göttlichen in ihm wie um ihn, und diese Einheit in Gott, dem Ursprung, schließt jede Sonderung von dem Göttlichen aus und erweckt in uns die Liebe zu allem Leben als die von selbst eintretende Synthese im Ursprung. Deshalb ist die Religio das Ende der Religionen als menschlich begrenzten Vorstellungen von Gott, die sich vor die Wirklichkeit Gottes gestellt haben. Wer die wahre Religio erlangt hat, ist in der Einheit mit dem göttlichen Urgrund allen Seins und kennt keine Spannungen und Konflikte mit denen, die noch den religiösen Lehren und Dogmen verhaftet sind, denn er erkennt ihre Unwirklichkeit und Vorläufigkeit. Gott bevorzugt weder Katholiken noch Protestanten. Er hat alles geschaffen, daß es im Wesen, in Gott, verbleiben soll, und nur wer in diesem Wesen Gottes in sich ist, hat *religio,* hat Rückverbindung mit seinem Ursprung, er ist vor Gott richtiggestellt und läßt Gott sein Werk durch ihn tun. Dieser Mensch ist jenseits aller religiösen Lehren und Dogmen, er ist zu Hause in seiner Wahrheit, die Gott ist.

So können wir mit absoluter Gewißheit das Ende der Macht aller Religionen als menschlich begrenzter Interpretationen des allmächtigen und allgegenwärtigen Schöpfers voraussagen und wissen, daß die wahre Religio kommen und uns von diesen Interpretationen befreien wird. Die Macht des Menschen über den Menschen wird aufhören, und die Macht Gottes über sein Geschöpf Mensch wird einsetzen, die wahre Religio wird triumphieren über alle Religionen dieser Erde. Wo ein Mensch die Wahrheit erkennt, wird er von der Unwahrheit befreit, wo ein Mensch Gottes Gegenwart in sich erkennt und sich zu ihr hinwendet, da hört die Abhängigkeit von allen Vorstellungen der Religionen von Gott auf. Wir sind wesenhaft göttlich, deshalb müssen wir die Verbindung mit Gott in uns selbst finden und Ihn in unserer Schöpfung anbeten und seine Kraft in unser Leben hereinbeten. Es antwortet kein Gott, den wir außerhalb der Schöpfung anbeten, denn Gott ist in seiner Schöpfung wirksam und will durch sie sich selbst offenbaren. Er ist wir in dieser individuellen Manifestation, und nur in dieser seiner Schöpfung können wir Ihn finden. Hier in diesem Wunder und Geheimnis, das wir sind, will Er geliebt und angebetet werden. Wenn wir uns nach innen wenden und uns sammeln auf die Kraft, die in uns Leben bewirkt, so entbinden wir unsere Schöpferkraft, die in uns ist.

18
Der Mensch
zwischen zwei Mächten

In allem Geschaffenen wohnt eine sinnerfüllende Kraft, und diese Kraft ist bei dem Menschen seine Seele, jene geheimnisvolle menschbildende Kraft des Schöpfers, die von uns so viele Namen bekommen hat, ohne daß wir diese Kraft jedoch erklären können. Da der Mensch innerhalb der Schöpfung die erste Stellung einnimmt, bestimmt, Gottes Kraft und Weisheit in höchster Potenz zu offenbaren, so folgt daraus, daß er in sich Kräfte birgt, über die kein anderes Geschöpf verfügt. Der Mensch kann deshalb für die ganze Schöpfung sowohl zum größten Heil als auch in seiner Unheilheit zum größten Unheil werden. Er kann in der unbegrenzten Macht seiner Sohnschaft zu Gott hervorkommen, aber er kann auch seine Macht mißbrauchen und zum Widersacher der göttlichen Ordnung werden, zum Teufel.

Diese Möglichkeiten des Menschen haben sich in unendlichen Variationen in der Menschheitsgeschichte offenbart. Die unmenschliche, grausame, finstere Geschichte des Menschen und sein Unheil zeugendes, gottloses Verharren in Sünde und Willkür sind Zeichen seiner geschöpflichen Verkehrtheit und des Mißbrauchs der ihm anvertrauten Kräfte schöpferischen Lebens. Dieses ins Unermeßliche gesteigerte Böse in der Geschichte des Menschen hat ihn veranlaßt, eine Erklärung für sein verderbliches Treiben zu suchen, und so ist der Glaube an den Teufel und die Dämonen aufgekommen, die den Menschen dazu verführen, wider Willen das Böse zu tun. So sind sich alle Religionen darüber einig, daß zwei Mächte um den Menschen und die Herrschaft über ihn kämpfen. Gott und Teufel stehen sich gegenüber, das Heilige und das Unheilige, und der Mensch kämpft gegen die ihn angreifenden Mächte des Teufels und unterliegt, bis auf die wenigen Ausnahmen derer, die dem Göttlichem zugewandt leben.

Mit dieser unzulänglichen und irreführenden Deutung der zwei Mächte, die um die Herrschaft über den Menschen kämpfen, hat sich der Mensch zufriedengegeben und ist in dem Glauben gehalten worden, daß es einen Widersacher Gottes gibt, dem er ausgeliefert ist. Das furchtbare Bild des Teufels und seines höllischen Reiches, in dem die Qualen ewig dauern, hat den Menschen zu einem Opfer menschlicher Vorstellungen von Gott und Erlösung gemacht, zu einem Opfer religiöser Dämonien, die ihr Spiel mit ihm treiben, ohne ihm die allein erlösende Wahrheit zu enthüllen.

Wir brauchen nur die Geschichte der Religionen auf uns wirken zu lassen mit allen Greueln, Folterungen, Morden und Verfolgungen Andersdenkender, um zu erkennen, in welchem Ausmaß der Mensch hier unter der Einwirkung religiöser Dämonien gestanden hat und nocht steht. Die allein erlösende Wahrheit, die Jesus verkündigte, die Wahrheit des in uns selbst bestehenden Reiches Gottes, ist auch innerhalb der sogenannten christlichen Religion nicht verstanden und nicht weitergetragen worden.

19
Menschwerdung

Nicht unser Tun bewirkt die Menschwerdung, sondern das Tun Gottes in uns. Unsere geschöpfliche Situation verbietet jede Willkür. Da wir als Geschöpfe unsere eigene Konzeption nicht kennen, sondern diese im Geist des Schöpfers, aus dem wir entstanden sind, verborgen liegt, ergibt sich daraus unsere Unfähigkeit, im Zustand der Sonderung von diesem Geist die Menschwerdung zu bewirken. Wir befinden uns ohne Einbeziehung des Schöpfergeistes in unser Bewußtsein im Zustand einer unterbrochenen Schöpfung und erleben alle verhängnisvollen Folgen dieser Unterbrechung des schöpferischen Geschehens in uns in Not, Verderben, Entartung und Tod. Es gibt keine Möglichkeit für das Geschöpf Mensch, sich selbst zu vollenden.

Das Geschöpf muß in den Händen des Schöpfers bleiben, es muß aus dem Ursprung allen Seins sein Leben schöpfen, oder es unterliegt der Sinnlosigkeit. Zu glauben, daß der Mensch durch eine Stärkung des Denkens, durch Schulung des willkürlichen Geistes, durch Vermehrung seines Wissens Mündigkeit erlangen kann, ist deshalb ein Irrglaube. Der Mensch wird mündig durch die Herrschaft des Schöpfergeistes in seinem Leben, durch die vollkommene Übergabe an den Schöpfer. Es ist Gottes Kraft, aus der wir geschaffen worden sind, die uns zu mündigen Menschen macht. Wie in der uns umgebenden Schöpfung alles Geschaffene nur dann zur Sinnerfüllung kommt, wenn es in der ständigen Verbindung mit den Seinskräften bleibt, so muß auch der Mensch in diesen Kräften in sich bleiben, auf daß sie ihn von einer Entfaltung zur anderen führen. Die Mündigkeit des Menschen kann deshalb nicht durch sein eifriges Tun von sich aus bewirkt werden, sondern allein durch seine Einheit mit dem göttlichen Ursprung, durch die Umkehr zu Gott.

Die Liebe zu Gott ist die Voraussetzung für die Synthese mit dem Göttlichen in uns und um uns. Je stärker diese Liebe wird, um so mündiger, um so mächtiger werden wir. Deshalb bleibt das vornehmste aller Gebote die Liebe zu Gott, die ständige Verbindung mit seiner Kraft in uns wie in allem Geschaffenen.

Das Vorstoßen zu dem göttlichen Prinzip unseres Lebens, das Erwachen zu unserer Seele als Gottes Kraft in uns ist also die Voraussetzung für die Menschwerdung, die Voraussetzung für unsere Mündigkeit. Der Mensch, der diese Einswerdung mit dem Göttlichen in sich erlebt und sich seinem Wirken überläßt, kann von sich aussagen: »Ich kann von mir selbst nichts tun.« Hier ist das Geschöpf Mensch vor dem Schöpfer richtiggestellt und überläßt sich ganz dem inneren Geschehen des Schöpfergeistes. »Dein Reich komme, dein Wille geschehe, dein Name werde geheiligt«, ist das allein gültige Gebet des mündigen Menschen, denn er lebt in der Erkenntnis seiner geschöpflichen Abhängigkeit von Gottes Kraft in sich, um zu leben; er stört nicht durch Willkür das Tun Gottes in sich. Schöpfer und Geschöpf sind hier eins, und diese Einheit allein garantiert die Mündigkeit des Menschen, läßt ihn hervorkommen in der Macht seiner Kindschaft zu Gott, läßt ihn zum Menschen werden nach dem Sinn des Schöpfers, Ihm zur Offenbarung.

20
Der Mensch der Sonderung

Alles, was wir mit dem Namen Magie, Parapsychologie, übersinnliche Wahrnehmungen oder dergleichen bezeichnen, das sogenannte Übernatürliche, ist Natur auf einer anderen Bewußtseinsstufe. Die stets anwesende Schöpferkraft bricht in das Bewußtsein eines Menschen hinein und läßt ihn zu ihrer Offenbarung werden, läßt ihn als Träger übernatürlicher Kräfte hervorkommen, wodurch er den Mystikern, Propheten und Eingeweihten zugeordnet wird. Da die allem Lebendigen mitgegebene Schöpferkraft in sich neutral ist, können wir sie auch in den Dienst unserer Willkür stellen, und damit verursachen wir das Unheil, kommen wir unter das Verderben des geschöpflich verkehrt lebenden Menschen.

Wenn wir erkennen, daß das Böse, das in der Welt durch uns Menschen verursacht wird, seine Ursache hat in der Inanspruchnahme der in uns wesenden Schöpferkraft für die Durchsetzung unserer Willkür, werden wir diese Menschen, die Unheil zeugen, als Menschen begreifen, die die ihnen innewohnende Schöpferkraft mißbrauchen und wider Willen das Böse zeugen. Es gibt keine Herrschaft des Teufels, denn der Mensch selbst als höchste Schöpfung Gottes wirkt sich teuflisch, widergöttllich, aus, wenn er, anstatt der Kraft Gottes zu dienen, diese Kraft in den Dienst seiner Willkür stellt.

Da die meisten Menschen nie zu der Bewußtwerdung dieser Kraft in ihrer Schöpfung aufwachen, bleiben sie gesondert von ihr, und es kommt nicht zu der Aktivierung dieser Kraft in ihrem Leben. Sie bleiben ohne Aufbruch schöpferischer Kräfte und leben ihr Leben außerhalb ihrer Seele.

Sobald aber der Mensch sich der in ihm wesenden Schöpferkraft bewußt wird und sich auf sie sammelt, beginnt er, sich von den um diese Kraft nicht wissenden Menschen zu unterscheiden, und er wird als von Gott geführt oder vom Teufel besessen gelten, je nachdem, ob er sich in den Dienst der Schöpferkraft stellt, oder ob er diese für willkürliche Zwecke einsetzt.

Der gute, der gotterfüllte Mensch wirkt sich heilend aus; der böse, der gottlose Mensch bewirkt das Unheil. Darin liegt nichts Magisches, sondern es ist zu erklären aus der Einstellung des Menschen zu der in seiner Schöpfung manifestierten Kraft des Schöpfers. Gut kann der Mensh nur werden durch die Annahme des Göttlichen in sich, weshalb Jesus auch die Anrede »guter Meister« ablehnte und den betreffenden Menschen berichtigte, indem er sagte: »Warum nennst du mich gut? Niemand ist gut außer Gott allein.«

Es ist die Kraft Gottes in uns, die uns zu guten, zu göttlich bewirkten Menschen macht, und es ist ebenfalls diese Kraft Gottes in uns, die, wird sie von uns willkürlich benutzt, uns zu bösen, das Unheil bewirkenden Menschen macht. Wenn wir begreifen, daß unserer Schöpfung die Kraft des Schöpfers als die die Menschwerdung bewirkende Kraft innewohnt, begreifen wir auch, daß diese Kraft in uns herrschen muß, daß wir als Geschöpfe uns in ihren Dienst stellen müssen, soll der Sinn unseres Lebens aufgehen und sollen wir zu ihrer Offenbarung werden.

21
Die Vision vom Übermenschen

Die Vision vom Übermenschen, der Traum aller Völker von dem Gottmenschen, die Sehnsucht nach Erlösung aus der Begrenzung in einem ohnmächtigen, Verderben und Tod ausgelieferten Dasein, das Suchen nach Gotteinigkeit, nach Verbindung mit den Kräften ewigen Lebens, die Hoffnung auf das Wiederkommen Christi, kommt aus unserem unbewußten Wissen um die Kräfte einer uns noch verschlossenen Dimension. Könnten wir vom Übermenschen träumen, wenn er nicht als Möglichkeit in uns liegt? Könnten wir von einm Gottmenschen sprechen, wenn wir nicht eine Urbeziehung zu Gott in uns ahnten? Unsere Sehnsucht nach Erlösung aus dem jetzigen ohnmächtigen Dasein könnte nicht in uns aufkommen, wenn wir nicht wüßten, daß dieses jetzige Dasein uns nicht gemäß ist, wenn wir nicht die gebundenen Kräfte eines vollmächtigen Lebens in uns spürten als eine Verheißung, eine Hoffnung.

Unsere utopischen Träume werden sich als die Wirklichkeiten von morgen oder übermorgen erweisen. Niemals können wir von etwas träumen, das nicht irgendwo einmal in Erscheinung treten kann. Das scheinbar Unmögliche von heute sind die Möglichkeiten der Zukunft. Der Mensch als eine Schöpfung des allmächtigen Schöpfers wird die Kräfte ewigen Lebens einmal bewegen. »Sohn, alles was mein ist, ist dein!« bekennt der Vater seinem Sohn. Und wir sind alle Söhne und Töchter Gottes, aber wir wissen es nicht. Unsere wahre Identität ist uns noch verborgen. Wir leben unserer

Heimat entfremdet, aber die Träume reichen hin zu dieser Heimat, und so entstehen die als utopisch angesehenen Bilder von dem Übermenschen, dem Gottmenschen, dem Menschen in Christus. Vielleicht ist nichts wirklicher als unsere Träume! Vielleicht sind sie aufleuchtende »Erinnerungen an die Zukunft«, vorweggenommene Bilder dessen, was auf uns zukommt. Weil wir in uns die Kräfte des Schöpfergeistes tragen, träumen wir vom Übermenschen, weil Christus unsere Wahrheit ist, reden wir von seinem Wiederkommen, weil Gott unser Ursprung ist, träumen wir von dem Gottmenschen.

Wir sollen unsere Träume lieben, wir sollen sie als Hoffnungen erkennen und ihnen Einlaß gewähren in unserem Leben. Wir sollen den Mut haben, den Übermenschen anzuschauen, jenen Menschen, der diesen erbärmlichen, ohnmächtigen Scheinmenschen überwunden hat, der wir noch sind. Wir sollen erkennen, daß wir nach Erlösung ringen, weil etwas in uns gebunden ist, wir sollen nach Gott suchen, weil Gott nach uns sucht. Es sind unsere Utopien unserer Träume, die uns zur Verwirklichung des Reiches Gottes in dieser Welt vorwärtsdrängen, und es gibt für uns kein Verharren im Gewordenen, sondern ein stetes Vorwärtswandern auf das innere Ziel unserer Schöpfung zu, das die Menschwerdung ist, die wir als Gottesoffenbarung durch uns erkennen müssen.

22
Gott ist in unserer Schöpfung

Wenn Mystiker vom Nichts Gottes reden, von der Leere, in der Er wohnt, so meinen sie, daß Gott Geist ist und Geist mit den Mitteln unserer Verstandeskräfte nicht erfaßbar ist. Er ist innerhalb und außerhalb der Materie, deren Urheber und Schöpfer Er ist. Gott ist alles in allem.

Er ist das Pneuma, die Geistkraft in allem, was lebt. Er ist Materie als verdichteter Geist, und das Hineingehen in die Materie, die Versenkung in ihren Ursprung, läßt uns in das Kraftfeld des Schöpfergeistes hineinkommen.

Gott kann nirgends sonst zu finden sein als da, wo Er wirkt, und Er wirkt in seinem Werk. Hinter allem Sichtbaren ist die unsichtbare, ursächliche Kraft des Schöpfers wirksam, und hier ist der Ort der Begegnung mit Ihm, der alles in allem ist. Wenn wir zu der Kraft unseres Lebens in uns vorstoßen, begegnen wir Gott.

Der Schöpfer wirkt nicht magisch von außen auf seine Schöpfung, Er tritt nicht als ein Zauberer auf, der plötzlich den Vorhang wegzieht und auserwählte und begnadete Menschen in sein Reich hineinschauen läßt.

Die Kraft des Schöpfers, aus der alles Geschaffene entspringt, ist in der Schöpfung des Menschen anwesend, aber der Mensch lebt nicht anwesend in dieser Kraft, und er hat folglich keinen Zugang zu ihr, er entfaltet aus seiner Willkür heraus ein Teil-Leben, er spielt sich selbst als Schöpfer auf und verliert so die Verbindung mit dem ewigen, dem von Gott ausgehenden Leben.

Denn da der Mensch, wie alles Geschaffene, aus dem Schöpfergeist hervorgeht, so ist das Verbleiben in diesem Geist die Voraussetzung für wahre Lebendigkeit und Vollmacht des Menschen. Die geschöpfliche Situation verbietet jede Willkür des Menschen, soll das schöpferische Geschehen nicht unterbrochen werden.

Wenn wir diese unsichtbare Kraft des Schöpfers als das Nichts oder die Leere bezeichnen, als das grundsätzlich Andere in uns, so wollen wir damit nur sagen, daß Gott, der Schöpfer, von unserem Verstand nicht erfaßbar ist. Er ist in der Materie, da er ihr Urheber ist.

Er waltet in den Zwischenräumen unserer Schöpfung, Er ist der Energiestrom, der uns durchfließt und Leben erzeugt. Wenden wir uns dieser Kraft, die uns lebt, zu, erkennen wir unsere Abhängigkeit von der bewußten Hinwendung zu ihr, um lebendig und vollmächtig zu werden, vollziehen wir die vollkommene Liebe zu ihr, so stellen wir unsere Schöpfung hinein in das Kraftfeld des Schöpfergeistes.

Kommt es zu einer Trennung vom Geist Gottes, die nur in dem Bewußtsein des Menschen stattfinden kann, da der Mensch als Geschöpf von diesem Geist ausgegangen ist, so verfällt der Mensch, und er geht ohne Sinnerfüllung zugrunde. Alle Not, alle Krankheiten und Entartungen des Menschen haben ihre Ursache in der Unterbrechung der Verbindung mit dem Schöpfergeist, denn Er allein ist das Leben, das uns lebendig macht.

23
Wir kreisen um Gott

Weil der Mensch göttliches Leben in sich trägt, träumt er von Gott und projiziert in seine Gottvorstellungen alles das hinein, was er selbst in unbewußten Bereichen in sich verbirgt. Der Mensch könnte nicht von Gott träumen und die Sehnsucht haben, Gott nahe zu leben, wenn nicht Gott in ihm wäre und Sehnsucht nach dem Menschen hätte. Wenn wir nicht durch unsere Schöpfung in einer unlösbaren Verbindung mit dem Schöpfer stünden, wenn nicht seine Kraft in uns weste, könnten wir nicht auf Gott bezogen leben, nicht von Ihm reden, nicht nach der Einheit mit Ihm suchen. Der Mensch kann nicht in seinem Bewußtsein etwas bewegen, worauf er nicht durch seine Schöpfung von Anfang an bezogen lebt. Die Tatsache, daß der Mensch zu allen Zeiten und bei allen Völkern um Gott und Götter kreist und sich von ihnen umgeben fühlt, sie ehrfürchtig verehrt, sich von ihrer Kraft Hilfe und Erlösung erhofft, beweist die innere Beziehung zu diesem Urgeheimnis allen Lebens, das er Gott nennt oder Götter. In dieser Hinwendung des Menschen zu dem unsichtbaren Leben des Schöpfers, das sich in allem Geschaffenen offenbart, müssen wir erkennen, daß der Mensch mit der Anziehungskraft des Bezüglichen von Gott als dem Urquell und Urheber seines Lebens angezogen wird und keine Ruhe finden kann, bevor er nicht zu diesem Urheber seiner Schöpfung wieder zurückfindet und aus Ihm lebt.

Wäre das Göttliche nicht unser Leben, das uns lebt, wäre

der Schöpfer nicht anwesend in unserer Schöpfung, so wären wir nicht. »Aus Ihm ist alles gemacht, was gemacht ist, und ohne Ihn ist nichts gemacht, was gemacht ist. In Ihm ist das Leben.« Also ist Gott nicht ein unwirklicher Traum des Menschen, sondern seine existentielle Wahrheit, die den Menschen aus den unbewußten Tiefen seiner Seele beunruhigt, nach ihm verlangt, um ihn zu erwecken, um die Menschwerdung nach der Konzeption des Schöpfers zu verwirklichen. Öffnet der Mensch sein Bewußtsein für die Gegenwart Gottes in seiner Schöpfung, erkennt er seine Göttlichkeit und nimmt er sie an, verbindet er sich in Liebe mit der Kraft des Schöpfers, die in ihm Leben bewirkt, so wächst er organisch hinein in die Macht seiner Sohnschaft und Tochterschaft zu Gott, wird er Mensch im Sinne des Schöpfers, Ihm zur Offenbarung und Verherrlichung. Dann lösen sich alle dunklen Träume von Gott auf vor dem Erleben seiner nie aussetzenden Gegenwart. Das ist das Ende der Macht aller menschlich begrenzten Vorstellungen der verschiedenen Religionen von einem Gott außerhalb seiner Schöpfung und der Anfang der Herrschaft Gottes über sein Geschöpf Mensch.

Dieser gotteinige Mensch ist der Mensch in Christus, der Mensch vom Himmel, der über allen und allem ist. »Er ist der Erstgeborene unter allen Kreaturen, das Ebenbild des unsichtbaren Gottes, in dem verborgen liegen alle Schätze der Weisheit und der Erkenntnis, denn in ihm wohnt die Fülle der Gottheit leibhaftig.«

24
Nicht auf den Wolken
kommt der Messias

Die durch Jahrtausende sich hinziehende Erwartung des
Kommens des Messias, des Erlösers, des Heilands, beweist
das noch unbewußte Wissen des Menschen, daß es eine
Kraft gibt, die, wird sie offenbar, allen Nöten und Verhäng-
nissen des jetzigen Lebens ein Ende bereiten wird. Wie ein
roter Faden geht diese Hoffnung auf Erlösung und Heilung
menschlichen Lebens durch alle Religionen hindurch, und
aus dieser Erwartung schöpfen die Geschlechter Trost und
Zuversicht und die Kraft, zu ertragen, was an Leid und
Verderben über sie immer wieder hereinbricht. In verschie-
dener Weise wird dieses innere Wissen um den Tag der
Umwertung aller Werte, den Tag der Herstellung der göttlichen Ordnung und Harmonie von den Religionen gepredigt, und der Mensch lebt, sofern er diesen Glauben annimmt, in Geduld Ausschau haltend nach den Zeichen der
Zeit, die dieses Kommen des Erlösers, des Messias, anzei-
gen. Immer wieder glaubten die Menschen, daß das Maß der
Not und des Chaos im Leben der Menschheit erfüllt sei und
sie in der Erwartung des Tages stehen könnten, wo Er
endlich erscheinen würde, der alles neu macht.

Diese Hoffnung auf den Tag X stirbt nicht aus; der
Mensch erwartet heute wie vor Jahrtausenden seine Erlösung aus dem Fluch der Sünde und der Not. Die Prediger
und Verkündiger von dem Jüngsten Gericht und dem Ende
der Zeit sterben nicht aus, so wenig die Hoffnung ausstirbt,
daß der Heiland und Erlöser erscheinen wird.

Die Zeit, in der wir leben, scheint der nie aussterbenden Erwartung des Heils des Menschen näher zu sein als je zuvor. Aber die überlieferten Auffassungen der Religionen von dem Kommen des Messias auf den Wolken des Himmels haben sich gewandelt. Der Mensch ist dabei, sich selbst zu entdecken und in ein neues Bewußtsein hineinzuwachsen. Das Bewußtsein seiner geschöpflichen Beziehung zu dem unsichtbaren Schöpfer und die daraus sich ergebende Teilhabe an den Kräften des gotterfüllten Lebens wird uns zu jener Dimension dieses göttlichen Seins in unserer eigenen Schöpfung führen, die wir erkennen werden als die menschbildende Kraft Gottes in uns. Nicht auf den Wolken des äußeren Himmels wird der Erlöser, der Messias, der Christus, erscheinen, sondern aus den Tiefen unseres eigenen Wesens werden die Kräfte entbunden werden, die der Schöpfer in unsere Schöpfung hineingelegt hat zur Vollendung dieser Schöpfung. »Christus in uns« ist das Geheimnis, das verborgen gewesen ist, nun aber offenbar werden wird durch Menschen, die auf das in ihnen wesende Schöpferprinzip ausgerichtet leben und so seine Kräfte wirksam werden lassen durch sich. Gleichwie der zu Christus, zu dem Schöpfergeist in sich, erwachte Mensch Jesus von Nazareth die Kräfte des Himmels bewegte, also werden auch wir Christus in uns entdecken und aus der Vollmacht der geschöpflichen Beziehung zu dem Ursprung leben.

25
Das Paradies — ein Zustand

Auf welche Weise hat der Mensch das Paradies verloren? Wie geschah die Vertreibung aus dem Garten Eden? Warum wurde der Mensch seiner Urheimat beraubt? Was machte ihn schuldig? Wenn wir diesen Fragen nachgehen, erkennen wir, daß die Antwort darin liegt, daß der Mensch seine Verbindung mit Gott verleugnete und ein Leben nach seiner Willkür aufbaute. Damit ging ihm die göttliche Natur seiner Schöpfung verloren, und das Paradies als der Zustand der Einheit mit dem Ursprung war ihm nicht mehr zugänglich. Das Geschöpf Mensch verlor das Bewußtsein für die Ganzheit seiner Schöpfung, es kam unter den Fluch des verlorenen Sohnes, das Erbe ewigen Lebens stand ihm nicht mehr zur Verfügung.

Das Essen vom Baum der Erkenntnis meint symbolisch die Entwicklung einer willkürlichen Geistigkeit, durch die der Mensch die Verbindung mit dem Schöpfergeist unterbricht.

Die Voraussetzung für die Erfüllung seines Sinns als ein dieses Leben offenbarendes Geschöpf ist damit aufgehoben. Die Entwicklung eines seiner Schöpfung entfremdeten Geschöpfes beginnt. Der Mensch verliert seine Seele und damit das Empfangsorgan für das in allem Lebendigen wesende schöpferische Leben. Obwohl er weiterhin mitten im Reich Gottes lebt, weil es kein anderes Reich gibt, hat er mit der Sonderung von seiner Seele das Wahrnehmungsvermögen für dieses Reich übersinnlichen Seins verloren.

Der Mensch lebt auf der Oberfläche des Vergänglichen und erntet die verhängnisvollen Folgen eines aus der Heilheit gefallenen Geschöpfes und glaubt, daß es das Los des Menschen in dieser Welt ist, am Leben zu leiden. Aus diesem Leiden hofft er, in einem Jenseits erlöst zu werden, er träumt von einer Rückkehr in das verlorene Paradies. Aber das Paradies ist nicht ein Ort, sondern ein Zustand, es ist der Zustand des wahrhaftigen Lebens schlechthin, und es ist uns in jedem Augenblick zugänglich.

Der Mensch muß aus der Enge seines Person- und Vergänglichkeitsbewußtseins erlöst werden und sich selbst als eine Schöpfung Gottes erkennen, unlösbar mit Ihm verbunden, von seinem Wirken in sich abhängig. Das Vordringen zu der Kraft Gottes in unserer Schöpfung, die Einswerdung mit unserer Seele bedeutet die Rückkehr in das Paradies, in das uns von Gott gegebene Leben, das uns in eins setzt mit allen Offenbarungen dieses Lebens. Dieses Leben hat uns nie verlassen, weil wir es sind in der Offenbarung als Menschen, aber wir haben das Bewußtsein für dieses Leben verloren.

Das außerparadiesische Leben ist das Leben, das wir aus unserer willkürlichen Geistigkeit aufbauen, und dieses Nicht-Leben trennt uns von allen Offenbarungen göttlichen Seins und wirft uns hinaus in die Finsternis der Sonderung davon.

26
Der inwendige Gott

Wer Gott recht erkennt als alles in allem, als die Kraft und Wirklichkeit, die sich fortwährend als Schöpfung manifestiert, wer auf diese Kraft in sich wie um sich ausgerichtet lebt, der wächst hinein in die Macht seiner Kindschaft zu Gott und nimmt teil an den Kräften des ewigen, des von Gott ausgehenden Lebens. Denn dieses Leben ist unsere Wahrheit, die uns wahr macht, und sie zu entbinden in unserer Schöpfung durch die Sammlung auf sie und durch die Anbetung ihrer nie aussetzenden Gegenwart, durch die Verschmelzung mit ihr durch die Liebe, durch die Synthese mit ihren Kräften in uns, führt hinein in die Menschwerdung als in die Gottesoffenbarung durch uns.

Gott ist ein inwendiger Gott. Er ist in seinem Werk wirksam auf dessen Vollendung hin. Er kann sich nie von seiner Schöpfung trennen, denn er ist diese Schöpfung in unendlichen Manifestationen, und da, wo das Geschaffene in der Einheit mit dieser Kraft verbleibt, erfüllt es in der jeweiligen Schöpfung seinen Sinn. Fällt das Geschöpf aus dieser Einheit mit seinem Ursprung heraus, so wird das schöpferische Geschehen unterbrochen, und der Tod, das Nicht-Leben, ist die Folge, sein Sinn wird nicht erfüllt; denn der Sinn einer jeden Schöpfung ist die Selbstoffenbarung der Kraft des Schöpfers durch sie, auf daß der Schöpfer seine Kraft in dieser Welt ständig durch sein Werk vermehre zu ihrer Vergöttlichung. Wo Gott nicht erkannt und nicht angenommen wird, kann es nicht zur Gottesoffenbarung durch uns kommen. Wo der Mensch nicht durch die Liebe auf diese Kraft des Schöpfers in seiner Schöpfung ausgerichtet lebt und sie nicht ungestört durch sich wirken läßt, bleibt diese Kraft unentbunden, und der Mensch kommt unter den Fluch eines Teil-Lebens aus seiner Vergänglichkeit und seiner Willkür, und er geht ohne Sinnerfüllung zugrunde.

Erst mit der Bewußtwerdung unserer geschöpflichen Situation, die uns unlösbar an die Kraft des Schöpfers bindet, soll diese Kraft, deren Geschöpfe wir alle sind, sich in uns zu unserer Vollendung auswirken können, erst mit der Umkehr zu dieser Kraft kann die Entfaltung unserer Macht als Kinder Gottes beginnen, können wir Menschen werden nach der Konzeption des Schöpfers, Ihm zum Bilde. Wie aber vollzieht der Mensch diese Umkehr, wie verbindet er sich mit seinem Ursprung, auf daß er gotterfüllt werde? Doch nur durch die Sammlung auf diese Kraft des Schöpfers in seiner eigenen und der Welt Schöpfung, nur durch die Ehrfurcht vor dem Leben, das ihn lebt, nur durch das Horchen auf die Weisungen der inneren Stimme und durch die Gehorsamkeit gegenüber ihren Forderungen. Wir müssen ins Gespräch kommen mit unserer Seele, die die Kraft des Schöpfers in uns ist, und wir dürfen aus der Anbetung dieser Kraft nicht herausfallen, bis wir sie in unser Bewußtsein hereingebetet haben und damit die Wiedergeburt erleben als das Hineingeborensein in die Dimension unserer spirituellen Wirklichkeit, die Gottes Kraft in uns ist. In jedem Atom unseres Körpers ist diese Kraft anwesend, aber solange wir nicht in diese Kraft eingedrungen sind, kommt es nicht zu jener Entbindung ihrer schöpferischen Energien, die zu unserer Verwandlung und Neuschöpfung beitragen.

27
Die Heilkraft des Glaubens

»Dein Glaube hat dir geholfen.« (Luk. 7,50) Diese Worte
des Jesus von Nazareth zu einem Menschen, der das Wunder der Heilung erlebte, müßten uns veranlassen, nach der
Art des Glaubens, die hier gemeint war, zu forschen. Welcher Glaube hilft uns, welcher Glaube heilt Krankheiten,
welcher Glaube stellt das gestörte Gleichgewicht im Körper
wieder her? Es geht hier um den Glauben an eine Kraft, die
jenseits der sichtbaren Dinge liegt, an die Kraft Gottes. Es
geht nicht um den Glauben an eine Lehre oder an eine
Gottesvorstellung, sondern um den Glauben an die Gegenwart des Schöpfergeistes in der Schöpfung. Es ist die Einbeziehung dieses Geistes in unser Bewußtsein, die die Heilung
bewirkt. Erst wenn wir gesammelt leben auf die Kraft, aus
der wir geschaffen sind, erst wenn wir erkennen, daß diese
Kraft in uns gegenwärtig ist und wir uns ihr anvertrauen, an
sie glauben, sie in unser Bewußtsein hereinnehmen, kann sie
sich heilend auswirken. Die Heilung durch den Schöpfergeist ist für alle Menschen möglich, weil alle Menschen aus
diesem Geist geschaffen sind. Die Lebenswirklichkeit des
Menschen ist der Schöpfergeist, und würde der Mensch im
Bewußtsein dieses Geistes leben, so wäre er nicht anfällig für
Erschöpfungen, Krankheiten und Entartungen. Aber der
Mensch hat noch kein Bewußtsein entwickelt dafür, daß er
Schöpfergeist in Manifestation ist, sondern er identifiziert
sich mit seinem Körper und seinem Verstand, er sieht sich
selbst als vergänglich und erntet Vergänglichkeit. Der

Glaube an die in seiner Schöpfung wirkende Kraft des Schöpfergeistes ist nicht in sein Leben einbezogen. So kann diese Kraft sich nicht heilend auswirken, sie wird in unbewußte Bereiche verdrängt, und nur wenn der Mensch zum Glauben an ihre Anwesenheit in sich erwacht und sich mit dieser Kraft verbindet, kann sie sich heilend auswirken. Der Glaube an den Schöpfergeist in unserer Schöpfung erlöst uns aus den Nöten unseres Teil-Lebens. Dann erleben wir, daß etwas in uns wirkt, das größer und mächtiger ist als die Mächte, die sich in der Bewußtlosigkeit gegenüber dieser Kraft in uns entfaltet haben. Wir erkennen dann, daß unsere Erschöpfungen, Depressionen und Krankheiten eine natürliche Folge unserer Kränkung des Schöpferprinzips sind. Aus der Bewußtlosigkeit dem Schöpfergeist gegenüber entstehen die Störungen, die wir als Krankheiten erleben. Wir nehmen sie stumpf hin, als gehörten sie zu unserem Leben, während sie doch ein deutliches Zeichen für unser Nicht-Leben sind. Sie gehören nicht zum Leben, sondern zu einem Nicht-Leben aus unserer Vergänglichkeit, denn wie kann das Leben, das von Gott ausgeht, in sich unvollkommen und Krankheiten unterworfen sein? Könnten wir unsere Krankheiten als Kränkungen des in uns wesenden Schöpfergeistes erkennen, würden wir auch durch die Annahme dieses Geistes von ihnen befreit werden.

28
Über das Gebet

Gott anzubeten, heißt Gott an sich heranzubeten, es heißt, sich in Liebe in eins zu setzen mit der Ausstrahlung der Gottheit und diese auf sich und in sich wirken zu lassen. Gott ist die fortgesetzt um uns wirkende Kraft spirituellen Seins, die in allem Geschaffenen am Werke ist zur Offenbarung des von Gott gewollten Sinns, und wenn wir uns dieser Kraft öffnen, an sie glauben, uns zu ihr bekennen, dann leben wir in der Anbetung Gottes, wir beten Ihn an uns heran und werden erfüllt von Ihm. Mit dem, was ich anbete, verbinde ich mich, ich komme hinein in sein Kraftfeld, ich nehme teil an seinem Leben. Nur das, was ich liebe, kann ich anbeten, nur nach der Verbindung mit dem, was ich für mein Leben als notwendig empfinde, ruft es in mir.

Das Verlangen des Menschen nach Gott, das sich manifestiert in allen Formen religiösen Lebens, ist ein Beweis dafür, daß der Mensch das Göttliche als etwas für sein Leben Notwendiges erkennt, etwas, womit er Verbindung bekommen muß, um im Frieden zu leben. Dieser Drang nach Gott, der durch alle Zeiten und Völker geht, beweist die ursprünglich göttliche Natur des Menschen, beweist die geheimnisvolle Beziehung des Menschen zu Gott. Wäre der Mensch nicht Träger göttlichen Lebens, würde er kein Verlangen nach Gott haben, und wir hätten keine Religionen als offenbarte Sehnsüchte des Menschen nach der Verbindung mit seinem Ursprung. Daß der Mensch in seiner Sonderung von Gott nicht aufhört, sich Vorstellungen von Gott zu machen, die er dann eifrig anbetet, müßte uns ein Zeichen dafür sein, wie sehr es den Menschen nach Gott verlangt, wie verlassen er sich fühlt in der Welt ohne Gott. Es ist das Wesen des Menschen, seine göttliche Natur, die in der Anbetung Gottes sich selbst kundtut; deshalb ergreift uns nichts so sehr wie der ehrfürchtig Gott anbetenden Mensch, selbst da, wo er im Bann falscher Gottesvorstellungen lebt und durch seine Anbetung Gottes Wirklichkeit nicht näherkommt.

Wir können Gott nicht auf dem Wege über die vielen Vorstellungen religiöser Lehren von Ihm nahekommen, deshalb führt die Anbetung des solchen Gottesvorstellungen verhafteten Menschen nicht zum Erleben der Wirklichkeit des lebendigen Gottes. Der Mensch kann in der Begrenztheit seiner Sonderung von Gott nicht Gott denken, Ihn nicht fassen durch Dogmen und Lehren, sondern der Weg zur Gotteserkenntnis geht allein durch die Liebe und über die Hingabe an das, was von Gott ist. Teilzunehmen an dem Göttlichen in allen seinen Offenbarungen durch fortgesetzte Anbetung, dieses allein führt den Menschen hinein in ein Erleben Gottes, und aus diesem Erleben als Teilnehmen am Leben der Gottheit bekommt der Mensch Erkenntnisse über Gott, weil er Ihn dann als Wirklichkeit erkennt.

29
Meditation

Aus dem Gebet als dem Gespräch des Menschen mit seinen überlieferten Vorstellungen von Gott ist die Meditation entstanden, wo der Mensch nicht Gott als Vorstellung anredet, sondern die Stille sucht, wo er von der Wirklichkeit Gottes in sich und in der Schöpfung um sich angeredet werden will. Die Worte der Menschen verstummen vor dem inneren Wort Gottes, das der Mensch in Offenbarung ist. Die wahre Meditation ist Stille, Horchen nach innen, liebende Hinwendung zur Allgegenwart des Schöpfers in seiner Schöpfung. Aus dem Glauben, daß Gott alles in allem ist und daß es folglich nichts gibt als die Kraft Gottes in der Unerschöpflichkeit seiner Offenbarungen, wächst die wahre Meditation, die Hinwendung zu dieser Kraft.

Wenn wir Gott als alles in allem erkennen, so ist der Weg zu Gott der Weg hinein in das Zentrum unserer eigenen und der Welt Schöpfung, und es kann nie einen anderen Weg geben als eine stets wachsende Verinnerlichung und Vertiefung unseres Lebens. Wir können die Wirkung dieser Verinnerlichung an uns selbst beobachten und erleben, daß, wenn wir in unseren Körper hineingehen und uns in Ehrfurcht und Anbetung der Kraft, die darin wirkt, zuwenden, sie in unser Bewußtsein heben, eine Wechselbeziehung zwischen uns und dieser Kraft entsteht, die uns mit neuem Leben und neuer Kraft erfüllt. Diese in uns anwesende Schöpferkraft antwortet auf unsere Liebe, die wir durch unsere Unwissenheit um ihre Anwesenheit bisher in unbewußte Bereiche verdrängt haben, und es kommt dann zu jener belebenden Wechselbeziehung mit ihr, die unser Lebensgefühl erweitert, bis zu einem Erleben der allumfassenden Einheit allen Seins in Gott, dem Ursprung unseres Lebens.

Das Üben der Meditation, das wir als das Üben der Verbindung mit der Kraft, die uns lebt, erkennen müssen, wird einmal als die Voraussetzung für eine Erweiterung unserer Beziehung zu allem Leben erkannt werden, denn diese Kraft des Schöpfers ist alles in allem. Ein Mensch, der meditiert, indem er sich mit dieser Kraft in sich wie um sich verbindet, wächst in die Liebe als in die Synthese mit allem Lebendigen hinein, und damit nimmt er zu an der Macht seiner Kindschaft zu Gott und wirkt sich heilend auf seine Umwelt aus.

Die rapide Zunahme der Meditationsschulen und -zentren auf der ganzen Welt ist auf die wachsende Erkenntnis der Menschen zurückzuführen, daß sie ein Leben führen, das ihnen und ihrer Welt zum Unheil wird. Der Mensch erkennt die Ohnmacht und Unzulänglichkeit der herrschenden Religionen, ihn aus den Nöten und Verderbnissen seines Lebens herauszuführen, und er ruft nach neuen Wegen, nach neuen Erkenntnissen. Das Bewußtsein wird erweitert mit dem Wissen um die in unserer Schöpfung wirkende Kraft des Schöpfers, und die Sammlung auf diese Kraft wird als die Voraussetzung für ihre Entbindung erkannt.

30
Das Wunder

Schöpfergeist und Körper sind nicht voneinander zu trennen, sondern es gibt nur Geist, sich im Sichtbaren als Körper manifestierend. Der Körper ist eine Konzeption des Schöpfergeistes und somit als eine Wohnstätte oder ein Tempel dieses Geistes anzusehen, in dem Er am Werke ist, um sich selbst kundzutun. Also ist das Primäre in unserem Körper der Schöpfergeist, und deshalb müssen wir auf Ihn ausgerichtet leben, sollen wir von Ihm erfüllt, bewirkt und belebt werden. Jede Zelle unseres Körpers ist eine geistige Kraft, die in sich selbst von ihr gelenkt und mit Energie versorgt werden muß, um ihren Sinn in dem Zusammenhang des Ganzen erfüllen zu können. Das Bewußtsein muß von dieser Kraft erleuchtet sein, auf daß unser Körper über das Bewußtsein daran teilnehmen kann. Darin liegt das Geheimnis des Glaubens, daß unser Geist im Bewußtsein des in uns wesenden Schöpfergeistes lebt und damit dessen Strom fortwährend in unseren Körper hineinfließen läßt.

»Dein Glaube hat dir geholfen«, war die Aussage des Jesus von Nazareth, wenn sogenannte Wunder geschahen. Das Vertrauen in die Kraft Gottes im Menschen bewirkte die höhere Schwingung in den Zellen, die zur Aufhebung der Krankheit führte. Die Krankheit als Folge der Bewußtlosigkeit gegenüber der Allmacht und Allgegenwart des Schöpfergeistes wird aufgehoben, wenn diese Bewußtlosigkeit aufhört und der Mensch zum Glauben erwacht. Alle sogenannten geistigen Heilungen erfolgen aus der Aufhebung der Sonderung unseres Körpers von seinem Ursprung, der der Schöpfergeist ist. Der Mangel an der notwendigen Einheit zwischen Geist und Körper, zwischen Schöpfer und Geschöpf, muß zu einer Verminderung der Schöpferkraft in dem Körper führen und somit die Krankheit verursachen.

Die Tatsache, daß der Mensch ein Opfer von immer schwereren Störungen seines Körpers wird, daß er frühzeitig altert und verdirbt, liegt an dem Verlust an Glaubenskräften, dem Verlust an Vertrauen, Ehrfurcht und Liebe für die in seiner Schöpfung wesende Geisteskraft. Der Mensch hat das Gottesbewußtsein nicht erlangt, das das wahre Lebensbewußtsein ist. Die Verbindung zwischen dem Schöpferprinzip und dem Körper ist noch nicht über das Bewußtsein des Menschen hergestellt; der Mensch lebt nicht im Glauben an Gottes Gegenwart, und so geschehen keine sogenannten Wunder. Der Mensch wird ein Opfer menschlicher Willkür, er vertraut seinem Geist mehr als dem Wirken des Schöpfergeistes, er baut eifrig an einer medizinischen Wissenschaft und erfindet immer neue Heilmittel, die aber keine echte Heilung hervorrufen können. Diese kann nur eintreten durch den Einbruch des Schöpfergeistes in sein Bewußtsein, durch den Glauben an das göttliche Prinzip seiner Schöpfung.

31
Die Überwindung der Sucht

Solange der Mensch nicht zum Glauben an die in seiner Schöpfung wirkende Kraft des Schöpfers aufgewacht ist und nicht in der Anbetung dieser Kraft lebt, leidet er an einem gefährlichen Mangel an schöpferischen Kräften, und so greift er in diesem Zustand zu Mitteln, die ihn stimulieren und aufladen sollen. Das Angebot an solchen Mitteln wächst fortwährend, und sie tragen bei zum Verderben der Menschen, lassen sie Opfer werden von Süchten, die sie abhängig machen. Der Mensch als Geschöpf kann ohne die Verbindung mit der Kraft, aus der er geschaffen ist, nicht gedeihen; er bleibt ohne die bewußte Hinwendung zu seinem Ursprung unter dem Fluch einer unterbrochenen Schöpfung.

Es hat keine Aussicht auf Erfolg, den von seinem Ursprung gesonderten Menschen von diesen Mitteln unabhängig zu machen; denn das, was allein helfen kann, sind die Erkenntnis der in seiner Schöpfung anwesenden Kraft des Schöpfers und die Umkehr zu dieser Kraft. Sie allein ist die uns innewohnende Lebensenergie, Ort der Ruhe vor der Hektik der Sucht und Quelle der Erfüllung der Sehnsucht. Es kann keine andere Möglichkeit für uns geben, aus den Erschöpfungen und Depressionen eines von unserer Seele gesonderten Lebens herauszukommen, als allein durch die Einbeziehung dieser Kraft in unser Bewußtsein.

Deshalb ist die Überwindung der Sucht, der Abhängigkeit von Stimulanzien – in welcher Form auch immer – nur dadurch möglich, daß der Mensch sich selbst als Träger der

Schöpferkraft erkennt und sich auf diese Kraft ausrichtet. In der Unwissenheit um diese Kraft lebend, ist er einem Teil-Leben im Vergänglichen und Willkürlichen ausgeliefert, und er erlebt die Ohnmacht und das Versagen, aus sich selbst im Wesenhaften die Kraft zu schöpfen, die ihn täglich erneuert, belebt und beseelt. Der süchtige Mensch ist ein Opfer seiner Sonderung von seinem Ursprung, und solange diese Sonderung währt, bleibt der Mensch für die verschiedenen Angebote anfällig, die die Menschheit ersonnen hat, um den Mangel an Kontakt mit der uns mitgegebenen Schöpferkraft zu überspielen. Alkohol, Nikotin, Drogen, Sexualität, Freizeitbeschäftigungen sinnloser Art werden als Ersatz für das Ruhen in der Verbindung mit dem wahrhaftigen Leben angeboten, und sie treiben den Menschen immer weiter auf dem Weg der Gottlosigkeit.

Von der Sucht können wir uns nur befreien, wenn wir sie als die Folge unerfüllter Sehnsucht durchschauen und uns auf die in uns wirkende heilbringende Kraft des Geistes besinnen, dessen Verwirklichung wir ahnen.

32
Geistige Heilung

Was ist Heilung anderes als die Heilung durch die Einbeziehung der in unserer Schöpfung wesenden Schöpferkraft! Wenn der Mensch den Anschluß an diese Kraft durch den Glauben an ihre ständige Gegenwart in seiner eigenen und der Welt Schöpfung erreicht, erfährt er eine Zufuhr an Energien dieser Kraft in sich und versetzt damit seinen Körper in den Zustand einer höheren Lebensschwingung und erlebt dadurch eine Erneuerung und eine Verwandlung, die ihn aus seinem krankhaften Zustand herausführen. Diese Heilungen werden als Wunder bezeichnet, als außerhalb der geltenden Gesetze unseres Lebens stehend, und sie werden als magisches oder göttliches Eingreifen angesehen. Da das Bewußtsein für den Ursprung allen Lebens als in dem Schöpfergeist liegend nicht in der Menschheit erwacht ist, gibt es keine verständliche Erklärung für das Phänomen der Heilung durch den Geist. Wenn Menschen auftraten, die den Anschluß an den Schöpfergeist in sich erreicht hatten und über die Macht der geistigen Heilung verfügten, wurden sie entweder als Heilige oder auch als Magier und Scharlatane abgetan.

Erst in unserer Zeit scheinen die Menschen zu der Erkenntnis dessen zu kommen, daß die geistige Heilung ein erklärbares und für uns alle verständliches Ereignis ist, dem wir uns zuwenden müssen, um es ganz zu erforschen. Es treten immer mehr Menschen hervor, die durch Verinnerlichung und Meditation die Verbindung mit jenen Bereichen schöpferischer Kräfte bekommen, die zu der Fähigkeit der geistigen Heilung führen. Wer schöpfergeist-bewußt lebt, wer zu der Gegenwart der in seiner Schöpfung wesenden Kraft des Schöpfers aufgewacht ist, bekommt Zugang zu dieser Kraft bei seinen Mitmenschen wie auch in der Schöpfung um sich, und er vermag dadurch diese Kraft zu aktivieren. Damit wird eine Verwandlung und Belebung der Lebensschwingung erreicht, die, wenn sie stark genug ist, zu einer Erlösung aus krankhaften Zuständen führt. Die geistige Heilung ist das, was sie aussagt: eine Heilung durch den Einstrom des Schöpfergeistes in das Bewußtsein des Menschen.

Wenn Jesus von Nazareth die Ursache für die Heilung mit dem Glauben des Menschen an die Kraft Gottes bezeichnete, so ist diese Aussage gültig für alle Zeiten, denn die Heilkraft liegt allein in dieser Gotteskraft, die allem Geschaffenen innewohnt. Der Glaube an diese Kraft und das Vertrauen in sie erlösen uns von der Anfälligkeit für Krankheiten. Das Gebet als die rechte Anbetung dieser Kraft würde uns ständig mit ihren erneuernden Kräften durchströmen. Dieser uns heilende Glaube ist nicht ein vages Fürwahrhalten, daß es diese Kraft gibt, sondern dieser Glaube ist Wissen, ist die Erkenntnis dessen, daß wir, aus dem Schöpfergeist geschaffen, Träger dieses Geistes sind und daß die Hinwendung zu Ihm, unsere Liebe zu seiner Gegenwart, das Tor des Bewußtseins auftut.

33
Der Augenblick –
Zugang zur Schöpfung

Weil wir nicht dem Augenblick hingegeben leben, weil wir nicht erkennen, daß er allein die Kontaktstelle mit dem ewigen als dem allein wirklichen Leben ist, so befinden wir uns in einer ständigen Hoffnung auf äußere Ereignisse, die uns aus der Enge unseres Nicht-Lebens hinaustragen sollen. Wir arrangieren Feste, und wir hoffen auf Begegnungen mit anderen Menschen, wir reisen um die Welt, in der Erwartung einer Steigerung unseres Lebnensgefühls und unserer Freude am Leben, wir suchen Zuflucht zu Büchern, zu der Kunst, zu der Musik und hoffen auf mehr Leben, hoffen auf die Überschreitung des im Alltäglichen begrenzten Daseins und werden trotz aller unserer Anstrengungen, unser Leben zu erweitern und mehr Glück zu erleben, enttäuscht. Denn bei allen diesen Bemühungen befinden wir uns auf der Flucht vor dem unerschöpflichen, dem ewigen, dem stets gegenwärtigen Leben, das nur in dem Augenblick liegt. In diesem Augenblick begegnen wir dem göttlichen Geheimnis des Lebens in uns selbst wie in der Schöpfung um uns, und wenn wir ihn versäumen, versäumen wir den Einstrom der hier fließenden Energien und Klarheiten. Wir können heute nicht teilnehmen an der Kraft der Sonne von gestern, nicht heute durch den Atem Zugang bekommen zu dem Prana von morgen, nicht heute mit der Seele einer Blume, die uns morgen anlächelt, Verbindung aufnehmen, nicht heute mit den Kräften der Bäume von morgen in Wechselbeziehung treten.

In genau diesem Augenblick müssen wir wach sein für das Angebot an Lebenskraft in unserer eigenen und der Welt Schöpfung. In diesem Augenblick begegnet uns das göttliche Geheimnis in den Menschen, die uns ansprechen, in der Luft, die wir einatmen, in dem Licht der Sonne und in dem Glanz des Mondes und der Sterne, in dem Duft der Blumen, dem Rauschen der Winde, dem Wellenschlag des Meeres, dem Fallen des Regens. Gott ist gegenwärtig in seiner Schöpfung, und die Kontaktstelle mit Ihm ist unsere eigene Göttlichkeit, die Gegenwart unserer Seele, und wenn wir in ihr leben, dann sind wir im Strom der Liebe Gottes. Je inniger wir im Augenblick leben, um so stärker strahlen wir dieses Leben aus, das uns von überall anspricht, um so lebendiger sind wir, um so mehr wachsen unsere Lebenskraft und unsere Freude am Leben. Der Anschluß an diese Kraft des Schöpfers, die in allem, was lebt, am Werke ist, ist die Voraussetzung schlechthin für unsere Entwicklung als Menschen. Und dieser Anschluß muß ständig vorhanden sein, wir müssen den Zustand der Anbetung dieser Kraft in uns und um uns ohne Unterlaß erreichen, sollen wir wahrhaft lebendig werden.

34
Versäumte Gegenwart

Die Beschäftigung der Menschen mit der Vergangenheit und mit der Zukunft läßt sie die allein für ihre Entwicklung wichtige Gegenwart versäumen, nämlich die Verbindung herzustellen mit den hier wirkenden Energien schöpferischen Lebens. Beobachten wir die Menschen, so können wir erkennen, daß sie nur am Rande oder auch gar nicht an ihrer Umwelt teilnehmen, daß sie absorbiert sind von ihren eigenen Gedanken, Wünschen und vorgefaßten Meinungen, ohne jede bewußte Teilnahme an ihrer Umwelt.

Sie registrieren die Menschen und Dinge um sich, aber sie erleben sie nicht, sie sind nicht geöffnet für die Energien, die aus allem Leben fortwährend ausstrahlen. So sind sie aus dem lebengebenden Einstrom dieser Energien ausgeschlossen, und es nützt ihnen nichts, daß sie sich mit allem Eifer der Vergangenheit oder der Zukunft zuwenden, wenn sie nicht die Gegenwart erkennen als die lebengebende Wirklichkeit und nicht mit ganzer Seele diese Kräfte aufnehmen.

Wenn wir die Menschen auf der Straße oder auch sonst beobachten, so erschreckt uns die herrschende Beziehungslosigkeit zu dem Geheimnis der hinter allem Lebendigen wesenden Schöpferkraft, das Unvermögen der Menschen, daran teilzunehmen. »Mit sehenden Augen sehen sie nicht, und mit hörenden Ohren hören sie nicht, denn ihr Herz ist verstockt«, ist nicht in ihr Leben einbezogen, verbannt in unbewußte Bereiche. Und da das Herz, die Seele oder die spirituelle Wirklichkeit unseres Lebens das uns miteinander

Verbindende, unsere Lebenswirklichkeit schlechthin ist, kann es nicht zu einem Austausch mit ihren schöpferischen Kräften kommen, solange wir sie nicht in unser Bewußtsein einbezogen haben.

Die Aufforderung aller Erleuchteten, der mit ihrer Seele verbundenen Menschen, in allen Zeiten und Völkern bleibt deshalb immer dieselbe: Vollzieht die Umkehr zu eurer Seele, glaubt an das ewige Leben in euch, bekennt euch zu eurer Gotteswirklichkeit!

Da wir alle als Geschöpfe aus der Kraft des Schöpfers entstanden sind, haben wir in uns diese Kraft, und deshalb können wir die Verbindung mit ihr aufnehmen in allen ihren Offenbarungen in der Schöpfung um uns. Kommt es aber nicht zu einer Bewußtwerdung dieser Kraft in uns, erkennen wir ihre Gegenwart nicht in uns selbst, sondern verbleiben wir in dem engen Raum unseres Person- und Vergänglichkeitsbewußtseins, dann können wir auch nicht erwarten, daß wir bei unseren Mitmenschen wie bei der Schöpfung um uns die Verbindung mit dieser Kraft erleben. Nur die Seele hat Zugang zu der Seele, nur Gott in unserer Schöpfung erkennt Gottes Kraft in allen Dingen um uns. Unsere Beziehung zu unserer eigenen Seele bestimmt unsere Beziehung zu der Seele der Schöpfung. Leben wir beziehungslos gegenüber der Schöpfung um uns, beweist dieses unsere Beziehungslosigkeit gegenüber der eigenen Seele.

Die Erlösung des Menschen aus der Armut und leidvollen Beziehungslosigkeit zu seiner eigenen und der Welt Seele liegt allein in seinem Aufwachen zu der ständigen Gegenwart seiner Seele in sich selbst und in der Schöpfung um ihn.

35
Kindheit

Wir erleben in der lebendigen Schöpfung um uns die Anwesenheit der unsichtbaren Schöpferkraft, und wenn wir sie in Stille auf uns wirken lassen, werden wir mit Kraft und Freude erfüllt, fühlen wir uns belebt und beseelt. Das ist die Heilswirkung, die von aller heilen Schöpfung ausgeht. Daraus erklärt sich die Sehnsucht des Menschen nach den Kräften der Wälder, der Gebirge, des Meeres, nach der von Menschenhand noch unberührten Landschaft, die in der Strahlung am stärksten ist und unsere Seele am tiefsten anrührt.

Die Erlebnisse der Kindheit in der Begegnung mit der Schöpfung bleiben deshalb für uns Menschen so lebendig und nachhaltig, weil wir hier näher unserer Seele lebten und deshalb ansprechbarer waren für die Seele der Schöpfung. Eine Zugehörigkeit zu dem ganzen Kosmos wurde unbewußt empfunden, und nichts entzückte uns mehr als das Lebendige um uns. Blumen und Bäume, Vögel und Tiere, Sonne und Regen, Schnee und stürmische Winde waren die Geliebten unserer Kindheit, und niemals waren wir glücklicher als draußen in der Natur. Als Erwachsene wandern wir im Geist wieder auf den duftenden Waldwegen, mit den nackten Füßen die feuchte Erde streichelnd, oder wir werfen uns in Ekstase ins Meer und lassen uns von seinen Wellen umspülen. Die Unendlichkeit war uns nahe in den Jahren, wo wir dem Unendlichen in uns noch nahe waren, wo unsere Seele noch nicht zugunsten einer willkürlichen Geistigkeit verdrängt war. Wenn wir auch später als Erwachsene die herrlichsten Landschaften erlebten und über die großen Meere fuhren, so können diese Erlebnisse nicht im entferntesten mit den Freuden und der Ekstase verglichen werden, die wir im Erleben der Schöpfung in der Kindheit erfuhren. Hier strömte alles in unsere lebendige Seele hinein und erfüllte uns mit einer Zunahme an Leben, die uns laut aufjubeln ließ, die unsere Augen leuchten ließ und unseren ganzen Körper bis zur Schwerelosigkeit beschwingte. Alles wurde in seiner inneren Substanz erlebt, wir erlebten das Leben, wir nahmen das in aller Schöpfung wesende Schöpferprinzip auf, und es ernährte unsere Seele. Wir waren in jedem Augenblick anwesend im Wesen der Dinge und lebten gleichsam in einer metaphysischen Umarmung mit der ganzen Schöpfung. Wir lebten nicht eingesperrt in unserem willkürlichen Geist, nicht als Gefangene von Pflichten und Aufgaben, nicht absorbiert von einer verkehrten Umwelt.

Dieser paradiesische Zustand hörte allmählich auf unter der Wirkung der Welt der Erwachsenen. Wir wurden wider Willen durch Erziehung und Schule aus der Seele in den Verstand verlagert, zur Anpassung an die herrschende Seelenlosigkeit gezwungen, in unserer Schöpfung gespalten. Unsere Seele als das uns mit der Seele der Welt Verbindende wurde in unbewußte Bereiche verdrängt, und diese Vergewaltigung unseres Wesens stürzte uns in heftig auftretende Störungen unseres inneren Gleichgewichts. Der Friede und die Freude im Heiligen Geist gingen verloren, und wir mußten durch totes Spielzeug oder durch »nützliche« Arbeit beschäftigt und beruhigt werden. Die Zeit der Umarmung mit der Seele der Welt war vorbei, die Zeit der seligen Zwiesprache mit Blumen, Bäumen und Tieren ging zu Ende. Wir verloren die Unschuld.

36
Die Erziehung

Die heutigen Erziehungsmethoden vermögen nicht, zur Menschwerdung des Menschen beizutragen, und sie befinden sich im ständigen Wechsel. Die Diskussionen hören nicht auf, und neue Vorschläge werden gemacht, ohne daß den Menschen klar wird, daß zu allen diesen Versuchen, den Menschen zu einem Menschen zu erziehen, der sich für sich selbst und für seine Umwelt zum Heil auswirkt, die Einbeziehung der menschbildenden Kraft des Schöpfers gehört, daß es ohne sie nicht zur Menschwerdung kommen kann. Aus der geschöpflichen Situation des Menschen geht hervor, daß er, soll er seinen geschöpflichen Sinn erfüllen, von der Einheit mit der Kraft des Schöpfers abhängig bleibt, aus der er geschaffen ist.

Da es nun nicht zu der heutigen Erziehung des Menschen gehört, ihn über seine Abhängigkeit von der Einheit mit dem Gewissen und Absoluten als der Kraft des Schöpfers in sich aufzuklären, lebt der Mensch bewußtlos gegenüber der Bedeutung dieser Kraft, und er gerät so mit Notwendigkeit unter den Fluch der Selbstentfremdung und verliert seine Orientierung im Leben.

Die Erziehung, die dem Menschen durch Schulen und Universitäten geboten wird, ist eine Erziehung zum Erwerb von Kenntnissen der Erscheinungswelt und dient der Entwicklung der Verstandeskräfte, ohne daß eine Ausrichtung auf das Schöpferprinzip stattfindet und ohne daß wir angeregt werden, eine Verbindung mit unserer spirituellen Wirklichkeit aufzunehmen.

Da nun die Erziehung des Menschen durch die Institutionen des Staates und der Kirche der Anpassung an festgelegte Werte und Sinngebungen dient, nimmt es nicht Wunder, daß es nicht zur Menschwerdung des Menschen im Sinne des Schöpfers kommt. Das wahre Selbstbewußtsein als das Bewußtsein des wahren Selbstes, das der Schöpfergeist in uns ist, fehlt dem Menschen, und er entfaltet aus seinem Ego, aus seiner Stellung in dieser Welt ein Bewußtsein, das auf seine Person ausgerichtet und dadurch aus dem Erleben der Einheit allen Seins gefallen ist. Dieser Mensch leidet unter seiner Beziehungslosigkeit gegenüber seiner eigenen Seele wie gegenüber der Seele aller Schöpfung. Dieses Defizit an Leben sucht er durch ein Scheinleben zu ersetzen und jagt den Ablenkungen nach, gibt sich selbst Sinn und Ziel gebend und leidet doch an einer inneren Einsamkeit. Er verliert den Glauben an den Sinn seines Lebens, von dem er entfernt lebt, solange er ihn nicht in sich selbst, in seinem Ursprung, gefunden hat.

Ein Leben ohne Ausrichtung auf das Leben selbst, das die Schöpferkraft in uns ist, unsere Lebenswirklichkeit im Spirituellen, ist ein ohnmächtiges Teil-Leben im Vergänglichen, ist zutiefst sinnlos, weil vom Ursinn allen Lebens, von Gott, gesondert. Es muß von uns erkannt werden, daß Gott keine religiöse Angelegenheit unseres Lebens ist, mit der wir uns beschäftigen können oder nicht, sondern daß Gott unsere Lebensangelegenheit überhaupt ist, die unser Sein oder Nicht-Sein entscheidet. So stark wie unser Gottesbewußtsein ist, so stark ist die menschbildende Kraft Gottes in uns wirksam, denn Gott ist diese Kraft in uns, aus der wir geschaffen sind und die diese Schöpfung vollendet.

37
Die Willkür

Der willkürliche Geist des Menschen ist der Widersacher des Schöpfergeistes und verurteilt ihn zum Los des verlorenen Sohnes. Der Mensch fällt aus dem Rhythmus des schöpferischen Geschehens, wenn er aus der Verbindung mit dem Schöpfergeist fällt und dem Wahn erliegt, daß er durch die Entwicklung seines Geistes in ein erfülltes und vor dem Schöpfer gerechtes Leben hineinkommen kann. Unter diesem Wahn lebt die ganze Menschheit und ist eifrig bestrebt, durch Erziehung und Studium den Geist des Menschen immer mehr zu entfalten. Die Klugen dieser Welt werden in ihrem Vorrang bestätigt und werden zu Vorbildern und Wegweisern für die übrige Menschheit, obwohl die Geschichte in erschütternder Weise Zeugnis davon ablegt, daß die Führung durch die Gelehrten und Klugen uns alle in die Irre führt und eine Bedrohung für die ganze Schöpfung ist. Der Geist des Menschen ist ihm als Instrument zur Erkenntnis des Schöpfergeistes gegeben, und solange der Mensch dies nicht erkennt, sondern in der Enge seines willkürlichen Geistes verbleibt, befindet er sich in Feindschaft gegenüber der Kraft des Schöpfergeistes und hat damit die Menschwerdung unterbrochen.

Mit allen Eroberungen der Wissenschaft, mit allen Erkenntnissen über die Welt der Erscheinungen bleibt der einer willkürlichen Geistigkeit verhaftete Mensch außerhalb der erlösenden und heilenden Kraft des Schöpfergeistes. Das schöpferische Geschehen ist unterbrochen, und der Mensch nimmt nicht zu an Weisheit, wächst nicht hinein in die Macht seiner Kindschaft zu dem allmächtigen und allgegenwärtigen Schöpfer. Je klüger, je intellektueller der Mensch wird, um so unlebendiger, unmenschlicher und ungöttlicher wird er. Er fällt aus der lebengebenden Einheit mit allem Leben heraus, er entfaltet ein Scheinleben aus seinem Geist und hält es für das dem Menschen gegebene Los, daß er der Sinnlosigkeit anheimfällt und unfähig bleibt, seinen geschöpflichen Sinn als ein Gott offenbarendes Geschöpf zu erfüllen.

Aus diesem Zustand der Sonderung von dem Schöpfergeist mit allen daraus entspringenden Nöten folgert der Mensch, daß er eben als Geschöpf unvollkommen ist, und nun erfindet er aus seinem willkürlichen Geist Erlösungslehren, die ihn jedenfalls in einem Jenseits der ersehnten Gnade Gottes teilhaftig werden lassen, wenn er im Glauben daran lebt. Durch diese religiösen Lehren wird der Mensch dazu veranlaßt, das Los seiner Selbstentfremdung in der Sonderung von dem Schöpfergeist als sein Schicksal in dieser Welt anzusehen und sich damit abzufinden, anstatt sich der Not seines Teil-Lebens zu stellen und nach ihrer Ursache zu suchen. Er nimmt das Dogma von der Erbsünde an und findet nichts Anstößiges daran, daß die Menschheit durch Jahrtausende einem erbärmlichen, mit Krankheit, Verderben und Unmenschlichkeit erfüllten Leben in dieser Welt ausgeliefert ist.

38
Freier Wille

Der freie Wille des Menschen ist eine Täuschung. Der Mensch bleibt von dem Willen Gottes abhängig, das zu werden, was der Schöpfer mit ihm meinte: Bild und Offenbarung seiner Kraft und Herrlichkeit. Mit dem sogenannten freien Willen geht der Mensch den Weg des Verderbens und der Sinnlosigkeit, denn als Geschöpf kennt er seine eigene Konzeption nicht. Die Geschichte des Menschen spiegelt in erschütternder Weise die Ohnmacht des Menschen wider, seine Unfähigkeit, im Sinne des Schöpfers Mensch zu werden, Ihm zur Offenbarung, ohne daß dadurch der Mensch zur Erkenntnis seiner geschöpflichen Verkehrtheit erwacht und sich dem inneren Geschehen zuwendet und die Umkehr zum göttlichen Geheimnis seines Lebens vollzieht.

Diese Umkehr ist für uns alle das allein Notwendende. Wir bleiben unter dem Fluch des verlorenen Sohnes und müssen mit stets anwachsendem Chaos rechnen, mit einer Zunahme unserer Not, bis auf den Tag, wo wir unsere grundsätzliche Abhängigkeit vom Schöpfergeist, dessen Konzeption wir sind, erkennen und uns dazu bekennen. Nicht unser Wille geschehe, sondern der Wille dessen, der uns in das Leben hineingestellt hat. Was wir mit unserem Leben wünschen und wollen, ist ohne Bedeutung für die Menschwerdung und verurteilt uns zur Sinnlosigkeit. Was das innere Geschehen in uns will, was unsere Seele wünscht, das ist entscheidend für unser Sein oder Nichtsein. Die Aufforderung des Apostels: »Betrübet nicht den Heiligen

Geist, mit dem ihr versiegelt seid bis auf den Tag eurer Erlösung«, spricht die absolute Notwendigkeit aus, daß der Heilige Geist, der Schöpfergeist, von uns erkannt und als unser Heil angenommen werden muß, sollen unsere inneren Kräfte und Möglichkeiten entbunden werden. Wir sind aus diesem Geist hervorgegangen und müssen in Ihm verbleiben, sollen wir Menschen werden nach dem Sinne des Schöpfers, Ihm zur Offenbarung.

Das Wort Gott, der Logos, der Schöpfergeist, ist der Ursprung und Urheber alles dessen, was ist, und darin muß alles Lebendige verbleiben, soll es seinen geschöpflichen Sinn erfüllen. Es gibt für den Menschen keine Möglichkeit, aus diesem Schöpferprinzip herauszufallen, weil er es ja in Offenbarung ist, aber er kann ohne Bewußtsein seiner Gegenwart in ihm leben. Es ist die Bewußtlosigkeit des Menschen gegenüber der Gegenwart Gottes in seiner Schöpfung, die das Hindernis ist für das vollmächtige Wirken des Schöpfergeistes in ihm. Gottesbewußtsein ist wahres Lebensbewußtsein und deshalb erforderlich für die Menschwerdung. Wie aber gewinnt der Mensch Gottesbewußtsein in einer gottlosen Welt? Dadurch, daß er stille wird, horchend nach innen, sich auf die unsichtbare Kraft besinnend, die in seiner Schöpfung wirkt, und in Liebe und Ehrfurcht diese Kraft in sein Bewußtsein hereinnimmt. Diese Besinnung können wir Gebet oder Meditation nennen, ein Horchen auf das Geschehen des Lebens in uns, dadurch eine Empfänglichkeit herstellend zu unserer Seele, die wir durch unsere Willkür in unbewußte Bereiche zurückgedrängt haben. Wenn diese verdrängte Dimension uns zum Bewußtsein kommt, dann sind wir im eigentlichen Sinne lebendig geworden, Geschöpfe Gottes, Kinder ewigen Lebens, bestimmt zur Gottesoffenbarung.

39

Die Angst

Das jetzige Pseudo-Leben, das der Mensch sein Leben nennt, ist gleich dem Zustand des verlorenen Sohnes, der sich von seinem Ursprung getrennt hat, um aus seiner Willkür und seinem Eigensinn zu leben. Es ist der Zustand einer unterbrochenen Schöpfung, wo das wirkliche Leben, das von dem Schöpfer ausgeht, nicht erkannt und nicht angenommen wird. Eine geschöpfliche Verkehrtheit ist eingetreten, die die Vollendung dieser Schöpfung ausschließt. In diesem Zustand der Sonderung von der menschbildenden Kraft des Schöpfergeistes erlebt der Mensch eine ständige Angst als Zeichen der Enge seines Lebens, er erlebt eine Störung des Gleichgewichts seines Lebens, aus der die mannigfaltigen Nöte entstehen, die ihn heimsuchen, auf daß er erkennen möge, daß ihm etwas not tut. Er wird ein Opfer von Depressionen, Erschöpfungen und Krankheiten als natürliche Folgen der Kränkung des Schöpfergeistes. Die Seele ist in unbewußte Bereiche verbannt, von wo sie mit ihren schöpferischen Energien den Menschen bedrängt und beunruhigt und ihm das Gefühl der Schuld gibt, das Empfinden, daß er nicht zu seinen Möglichkeiten hinauflebt, daß etwas in ihm ist, das er nicht erreicht. So entsteht die Angst, die wir als einen Beweis für die unerträgliche Begrenzung unseres Lebens verstehen müssen. Wir befinden uns in dem außerparadiesischen Zustand, außerhalb des uns gemäßen Lebens, außerhalb der Möglichkeit der Menschwerdung, wie sie der Schöpfer gewollt hat.

Dieses Erlebens der Angst als des Ausdrucks der Enge ihres Lebens sind sich alle Menschen mehr oder weniger bewußt, und diese Angst treibt den Menschen auf die Flucht vor seinem Pseudo-Leben in selbstgesetzte Sinngebungen, in ein rastloses Tun, in Ablenkungen und Zerstreuungen hinein. Sobald er innehält in diesem Getriebenwerden von seinem eigenen und der Welt willkürlichen Leben, überwältigen ihn die Leere und die Sinnlosigkeit seines Lebens, und die Angst steht in ihm auf, übermächtigt ihn und zwingt ihn weiter zur Flucht. Würde er sich der Angst stellen, würde er sich von ihr sagen lassen, wodurch sie entsteht und warum sie ihn bedrängt, so würde sie ihm ihren Sinn enthüllen, würde ihn zum Bewußtsein seines Teil-Lebens erwecken und ihm den Weg zeigen hinein in die Dimension seiner Seele, die er versäumt hat, in sein Leben einzubeziehen, und durch die er allein in seiner Ganzheit offenbar werden kann. Nur durch die Erkenntnis der in ihm wesenden Schöpferkraft und durch das Bekenntnis zu ihr kann der Mensch von der Angst als dem Erleben der Enge seines Lebens befreit werden. Es ist sein Verbleiben in dem Gefängnis seiner Vergänglichkeit und Willkür, das ihn die Angst erleben läßt. So erkannt, ist das Erleben der Angst des Menschen ein Positivum, das Zeichen, daß in seiner Schöpfung Kräfte verborgen liegen, die ihn beunruhigen, die ihm das Gefühl der Schuld geben, die ihm Angst einjagen, weil er – wenn auch noch unbewußt – in dem Wissen um die Enge seines Lebens steht.

40
Unruhe der Jugend

Die Unruhe der heutigen Jugend, die immer mehr die Sinnlosigkeit ihres Lebens erkennt und darunter leidet, beweist uns, daß der Mensch auf dem Weg ist, sich der Ursache seines Versagens und seiner Ohnmacht bewußt zu werden und er zu verstehen beginnt, daß er sich nicht mehr in den Dienst an den herrschenden Mächten einer sinnentleerten Menschheit einordnen darf.

Die Jugend ahnt, daß sie verheizt wird, um eine verkehrte Welt an der Macht zu halten, die sich anmaßt, verfügungsberechtigt zu sein. Mit allen Mitteln der Beschwörung versuchen die herrschenden Mächte dieser Welt, seien sie religiöser oder weltlicher Prägung, die Jugend zu aktivieren, sie in ihren Dienst einzuspannen, ohne jedoch die ständig wachsende Skepsis und die Resignation vor den hier proklamierten Werten überwinden zu können, die unsere Jugend erfüllen.

Anstatt nach der Ursache dieses Zustandes einer zunehmenden Interessenlosigkeit gegenüber allem Bisherigen und Gewohnten zu fragen, beharren die Mächte der geschöpflich verkehrt lebenden Menschheit auf ihren Werten und Sinngebungen und hoffen auf eine Wende in der Jugend, die diese zum Glauben an das Bisherige zurückführen wird.

Aber diese Wende zum Alten wird nicht kommen, denn die Zunahme eines neuen Bewußtseins für den Sinn des Lebens unterhöhlt bereits die Fundamente, auf denen diese Menschheit ihre Kulturen und Zivilisationen aufgebaut hat.

Die Jugend glaubt nicht mehr an die Ideale der Alten, sie kann sich nicht mehr für den Dienst an ihren Sinngebungen erwärmen. Etwas Geheimnisvolles, noch nicht bewußt Erkennbares wirkt als dynamische Kraft in den unbewußten Bereichen dieser Jugend und zwingt sie zur Rebellion und Auflehnung gegen alles, was sie als nicht sinnvoll betrachtet, was sie nicht als Ziel für ihr Leben annehmen kann.

Die Zeichen der Zeit werden nur von denen erkannt, die in sich diese in der Welt herrschenden Mächte überwunden haben und sie als dem Menschen nicht gemäß betrachten. Ein neues Bewußtsein will geboren werden, eine Umwertung aller Werte bahnt sich an und bedroht das Bisherige mit der Enthüllung seiner Unzulänglichkeit. Die Jugend ist für diese Zunahme einer neuen Zeit mitten im noch Bestehenden empfänglich, und sie wendet sich ihren schöpferischen Kräften zu, wird von ihnen gesteuert und beunruhigt, deutet sie oft falsch und gibt sich neuen Dämonien hin, um von ihnen doch nur auf neue Irrwege geführt zu werden und sinnlos zugrunde zu gehen.

Aber nichts kann den bereits beginnenden Sturm einer neuen Zeit aufhalten, keine noch so eifrigen Versuche der herrschenden Mächte, sich zu behaupten und ihre Position zu halten, werden Aussicht haben auf Erfolg.

Der wahre Sinn des Lebens will sich auch in der Menschheit offenbaren, und auf daß er zur Wirkung kommen kann, müssen die bisherigen Mächte, die den Sinn des Lebens zu kennen glauben, überwunden werden. Es geht hier um die Auferstehung des Schöpferprinzips, das aus unserer Schöpfung zugunsten einer willkürlichen Geistigkeit verdrängt und in unbewußte Bereiche verbannt wurde.

Der Mensch muß sterben in seinem egozentrierten Teil-

Leben, um sich des wahren Selbstes, der Kraft des Schöpfers in sich, bewußt zu werden und sie in sein Leben einzubeziehen.

Der Mensch wird geboren von Menschen, die nicht um den eigentlichen Sinn des Lebens wissen; er wird erzogen und geformt in Schulen und Universitäten, die ebenfalls diesen Sinn nicht kennen; er wird von religiösen und weltlichen Institutionen beeinflußt und in ihren Dienst gestellt, obwohl sie auch nicht den Sinn des Lebens aufzeigen und vermitteln können. Wie können wir dann erwarten, daß der Mensch sinnvoll lebt, daß er seine vom Schöpfer gewollte Aufgabe in dem geschöpflichen Zusammenhang erfüllt? Die Geschichte der Menschheit zeugt mit ihren erschreckenden Ereignissen und den Zusammenbrüchen ihrer Kulturen und Zivilisationen von der Tatsache, daß der Mensch seinen Sinn nicht kennt, daß er sich der Kraft des Schöpfers in seiner Schöpfung nicht bewußt ist und nicht erkennt, daß der Sinn seines Lebens darin liegt, die ihm innewohnende Schöpferkraft durch sich zu offenbaren und damit zur Verwirklichung der Herrschaft des Schöpfers über seine höchste Schöpfung beizutragen.

Der Sinn des Lebens ist das Leben selbst, das von dem Schöpfer ausgeht und sich als Schöpfung und wieder Schöpfung in unerschöpflicher Fülle und Verschiedenheit selbst manifestiert.

41
Der verinnerlichte Mensch

Wenn wir bewußt bei uns selbst in unserer Wesenswirklichkeit leben, so ist unsere Wirkung auf die Umwelt wesenhaft. Der verinnerlichte Mensch, der in seinem Wesenhaften integrierte Mensch, ist wie ein Haus, das bewohnt und belebt ist. Er ist fähig und bereit, die Menschen wie die ihn umgebende Schöpfung aus seiner Ganzheit zu bewirken und sie in ihrem Wesen anzusprechen und damit das Seinshafte auszustrahlen. Wer nicht bei sich im Wesen, im Sein, ist, sondern im Außen und von den äußeren Dingen gelebt und getrieben wird, ohne das Bewußtsein für seine Wahrheit zu entwickeln, die der Schöpfergeist in ihm ist, ist wie ein verwaistes Haus, das in sich leer und verlassen ist und keine Gastlichkeit aufweist, keine Liebe aussendet, keinen Schutz und keine Aufnahme bietet. Er hat seine Wohnstätte den fremden Mächten der Vergänglichkeit überlassen, die sie verwüsten und der Sinn-losigkeit ausliefern.

In der Begegnung mit diesen außerhalb ihres Wesens lebenden Menschen finden wir keine uns erlösende und uns in unserer Wahrheit entbindende Aufnahme, es kommt nicht zu einer wirklichen Beziehung, nicht zu einer Synthese im Wesenhaften. Sie registrieren die Umwelt, aber sie erleben sie nicht, sie nehmen nicht an ihrem Wesen teil, denn sie begegnen ihr nicht aus ihrer Seele, die allein Zugang hat zu der Seele allen Lebens, die der Schöpfergeist ist.

42
Jenseits der äußeren Sinne

Was wir mit den äußeren Sinnen wahrnehmen können, ist nur die Oberfläche des Lebens; um zu den tieferen Bereichen vorzustoßen, müssen wir in unserer Seele wach werden und ihre Sinne benutzen. Noch ist diese seelische Sinnenhaftigkeit nur bei wenigen Menschen lebendig, weshalb das Übersinnliche nicht erkannt wird. Die meisten Menschen leben nur aus ihrem Körper und können nur wahrnehmen, was sie mit ihren äußeren Sinnen aufnehmen können. Ganz selten begegnen wir einem Menschen, der Zugang zu jenen Bereichen hat, die jenseits der sichtbaren Welt existieren. Diese Menschen wurden bis jetzt als Sonderlinge angesehen, und ihre Wahrnehmungen wurden als Phantasiegebilde abgelehnt. Das Übersinnliche hat keinen Raum im Leben der nur an die sinnliche Welt gebundenen Menschen.

Zu der Wahrnehmung der übersinnlichen Welt gehört der Durchbruch des Menschen zu jener Dimension in ihm und um ihn, die wir die Dimension der Seele nennen. Diese Dimension ist noch so gut wie gänzlich unentdeckt und unerforscht. Diejenigen Menschen, die eine starke seelische Lebendigkeit aufweisen und folglich Dinge sehen und hören und mit den Sinnen ihrer Seele aufnehmen können, die für die meisten Menschen unzugänglich sind, werden in ihrer Bedeutung nicht erkannt, und so können sie sich nicht helfend auf die Entbindung seelischer Wirklichkeiten auswirken. Bis jetzt wurden diese Menschen als absonderlich hingestellt und verfolgt, und niemand erkannte sie als in der

Entwicklung höher stehend als die nur im Sinnenhaften verharrenden Menschen.

Aber die Zeit scheint reif zu werden für die Erkenntnis dessen, daß es Bereiche im Menschen gibt, die noch völlig unbeachtet geblieben sind, ja verleugnet werden, und aus denen für die Menschheit ungeahnte Möglichkeiten aufbrechen und die unsere Welt völlig verändern werden. Ansätze zu diesem Aufbruch übersinnlicher Kräfte hat es immer gegeben, aber die herrschenden Mächte haben ihre Annahme verweigert aus Angst, sie würden ihre Macht verlieren. Immer wieder sind Menschen offenbar geworden, die uns die Botschaft von höheren Wirklichkeiten vermittelt haben und unser Bewußtsein mit der Erkenntnis jener Kräfte erweitern wollten, die mit unseren äußeren Sinnen nicht wahrnehmbar sind. Das Schicksal dieser Erleuchteten durch die Jahrhunderte ist das tragische Schicksal der ständig verfolgten und verleumdeten Zeugen der in uns wesenden Kraft schöpferischen Lebens. In ihnen setzt sich die Verfolgung Christi fort, denn die Mächte dieser Welt sind antichristlich, unmetaphysisch, unseelisch und fühlen sich immer in ihrer Macht bedroht von denen, die tiefer in das Geheimnis des Lebens hineingeschaut haben und größere Zusammenhänge aufzudecken vermögen.

43
Das Genie

Wenn der Mensch erkennt, daß Gott alles in allem ist, so sucht er zuerst und vor allen Dingen nach der Verbindung mit dem Göttlichen in sich, denn nur über diese Anwesenheit des Schöpfergeistes in seiner eigenen Schöpfung bekommt er die Verbindung mit der Kraft des Schöpfers in seiner Umwelt. Bleibt der Mensch seinem willkürlichen Geist verhaftet, wendet er sich aus seiner Sonderung von dem Schöpfergeist der Welt zu, so sind alle seine Versuche, diese Welt zu erforschen, vorläufig und unzulänglich, denn er erreicht nicht die in allen Dingen wesende Seinskraft, die allein in sich das Geheimnis des Lebens trägt, und er kann nicht von ihr erleuchtet werden. Unsere willkürliche Geistigkeit vermag niemals das Rätsel zu lösen, das wir und alles Geschaffene zutiefst sind. Erst mit dem Durchbruch zu dem Schöpfergeist beginnt die Verbindung mit Ihm in allem Geschaffenen.

Das Genie, das wir bewundern und das uns Dinge erhellt, die im Dunkeln liegen, das uns neue Welten erschließt und das Gesicht unserer Welt verändert, ist der mit dem Ursprung verbundene Mensch, der den Anschluß an den Schöpfergeist erlebt und damit gültige Erkenntnisse auf dem jeweiligen Gebiet seiner Begabung aufleuchten läßt. Der geniale Mensch ist durchlässig für das innere Wissen, er erlebt sich als Organ eines Geschehens, das ihn in seinen Dienst stellt, und je stärker seine Hingabe an dieses Geschehen ist, um so genialer wirkt sich der Mensch aus. Die

Entleerung von aller willkürlichen Geistigkeit, das Schaffen eines Vakuums, in das der Schöpfergeist einfließen kann, ist die Voraussetzung für das Hervorkommen eines genialen Menschen, auf welchem Gebiet auch immer.

Genialität ist Rückverbindung mit der allem Leben zugrunde liegenden Kraft des unsichtbaren Schöpfers. Ob diese Rückverbindung durch eine bewußte Hinwendung zu dieser Kraft, durch eine Versenkung in das innere Geschehen des Lebens geschieht, oder ob der Mensch plötzlich überwältigt wird von dem Einbruch dieser Kraft in sein Bewußtsein und sich ihr zur Verfügung stellt, ist belanglos; wichtig ist nur die Durchlässigkeit des Menschen für das schöpferische Geheimnis seines Lebens. Wird aber der Mensch durch solche Einbrüche schöpferischer Kräfte in seinen Geist zu der Erkenntnis dessen aufgeweckt, daß diese Kräfte in seiner Schöpfung verborgen liegen und auf seine Empfänglichkeit dafür warten, so wird er sich dazu gedrängt fühlen, den Kontakt mit diesen Kräften durch Versenkung und Meditation aufzunehmen. Der Mensch ist dann ein wahrhaft Gläubiger geworden, ein um das Geheimnis seiner geschöpflichen Beziehung zu dem Schöpfergeist Wissender, und von nun an ist er erlöst aus dem rastlosen Tun seiner willkürlichen Geistigkeit, und er lebt in der Hinwendung zu dem Geist des Schöpfers in sich, er ist spirituell lebendig geworden.

44
Der Heilige

Heilige sind Menschen, in deren Leben sich die Kräfte des Himmels bewegen, es sind Menschen, die angeschlossen sind an die Schöpferkraft. Sie sind aus der Bewußtlosigkeit gegenüber dieser Wirklichkeit, in der die ganze Menschheit versunken ist, aufgewacht, und sie haben sie angenommen, sie leben ausgerichtet auf die Schöpferkraft in sich wie um sich, und dadurch können sich diese Kräfte in ihrem Leben auswirken, die die Wunder bewirken, die wir den Berichten über das Leben der Heiligen entnehmen.

Wir identifizieren die Person des Heiligen mit dieser Kraft, wir halten ihn für einen Begnadeten und Auserwählten, und damit trennen wir uns grundsätzlich von ihm und finden durch ihn nicht den Weg zu der auch in unserer Schöpfung wesenden Schöpferkraft, und so können diese Kräfte nicht in unserem Leben wirksam werden. Heiligkeit muß verstanden werden als Heilheit, als Ganzheit und deshalb als ein natürlicher Zustand des in seiner Ganzheit lebenden Menschen. Wer geschöpflich vor dem Schöpfer richtiggestellt lebt, ist in seiner Schöpfung heil, er wird ständig bewirkt von der Kraft, aus der er geschaffen ist, und diese Kraft Gottes bewirkt das, was die Menschen als Wunder bezeichnen, was aber als eine auf einer höheren Ebene wirkende Gesetzmäßigkeit verstanden werden muß. Wo das Göttliche in einem Menschen wirkt, geschieht das Wunder, das im Leben derer, die dieses Göttliche nicht erkannt und nicht angenommen haben, nicht geschehen kann. Die Kräfte des Himmels stehen dem vom wirklichen Leben getrennten Menschen nicht zur Verfügung.

Wir müssen erlöst werden aus allen Vorstellungen der Religionen von den Heiligen als Ausnahmeerscheinungen menschlichen Lebens und als für uns nicht maßgebend. Wir müssen erkennen, daß der Heilige die Norm des Menschen ist, der eigentliche, der normale Mensch, und daß wir zu dieser Norm hinaufleben müssen, so daß wir in unserer Heilheit hervorkommen, auf daß auch wir die Kräfte des Himmels als des wirklichen Lebens bewegen können. Wir müssen durchstoßen zu der Erkenntnis dessen, daß wir vom Ursprung, von dem unsichtbaren Schöpfer, entstanden sind und nur durch die Einbeziehung seiner Kräfte in unser Bewußtsein von diesen Kräften bewirkt werden können zur Vollendung unserer Schöpfung. Wir müssen in unserer Schöpfung heil werden, und wie könnte solches geschehen, wenn wir nicht verbunden leben mit unserem Schöpfer, eins mit unserer Seele als Kinder Gottes!

45
Das Geheimnis des Lebens

Wie können wir in dieser wundervollen Schöpfung leben, ohne Gott zu erkennen, jene unsichtbare Schöpferkraft, »aus der alles gemacht ist, was gemacht ist, und ohne die nichts gemacht ist, was gemacht ist«? Wie können wir den Frühling erleben, diese Explosion von Energien aus unsichtbaren Bereichen, die den Wachstumsprozeß in allem Geschaffenen in Gang setzt und in kurzer Zeit das Gesicht der Erde verwandelt, ohne diese geheimnisvolle Kraft anzubeten, sie über alles zu lieben? Mögen wir diese Kraft nennen, wie wir wollen, wir müssen sie in allem Leben in uns und um uns erkennen und uns ihrem Wirken in Ehrfurcht und Bewunderung zuwenden. Wenn wir morgens aufwachen, erleben wir, wie diese unsichtbare Kraft uns während des Schlafes aufgeladen hat, wie in uns neues Leben sich regt, wie neue Freude uns über diese uns innewohnende Energie erfüllt, die in uns ständig am Werke ist, wie sie auch in aller Schöpfung um uns ohne Unterlaß wirkt.

»Ich bin«, das Sein in uns, die Schöpferkraft, ist das Wunder und Geheimnis unseres Lebens, das Zentrum, aus dem wir schöpfen müssen, um wahrhaft lebendig und vollmächtig zu werden. Ob wir dieses Zentrum Gott nennen oder unsere Seele, den Schöpfergeist oder die Entelechie, es bleibt das undurchdringliche Geheimnis, das wir mit unserem Verstand niemals erforschen können, denn Gott ist der Schöpfer unseres Verstandes, und so unterliegt unser Geist diesem Geist des Schöpfers, und wir müssen uns in seinen

Dienst stellen, um in die Macht unserer Kindschaft zu Ihm hineinzuwachsen.

Das Geheimnis des Lebens liegt enthüllt in der uns umgebenden Schöpfung; wir können es erkennen in jedem Baum, in jeder Blume. Das fortwährende Ruhen in der Seinskraft, aus der alles Geschaffene hervorgeht, ist das Geheimnis eines sinnerfüllten Lebens.

Auch für das Geschöpf Mensch führt kein anderer Weg zur Menschwerdung im Sinne des Schöpfers als der über das Ruhen in der Kraft, aus der es hervorgegangen ist, als über den Glauben an ihre nie aussetzende Anwesenheit in ihm. »Bleibet in mir und ich in euch, und ihr werdet viel Frucht bringen, denn ohne mich könnt ihr nichts tun!« Dieses ist die für alle Schöpfung gültige Aussage des unsichtbaren Schöpfers.

Begreifen wir unsere geschöpfliche Situation, so begreifen wir auch unsere Abhängigkeit von unserer Einheit mit dem Schöpfer, soll seine Schöpfung zur Vollendung gelangen und ihren Sinn erfüllen. Gott zu lieben, ist deshalb nicht eine religiöse Angelegenheit unseres Lebens, sondern unsere Lebensangelegenheit schlechthin. Wir sind als Menschen in dem Maße lebendig wie wir Gott lieben und die Synthese mit dem Ursprung und Schöpfer herstellen.

Es gibt keine Möglichkeit für den Menschen, ohne die Einbeziehung dieser Kraft in sein Bewußtsein, ohne die liebende Hinwendung zu seiner spirituellen Wirklichkeit und ohne die Gehorsamkeit gegenüber ihren Weisungen sich als Mensch im Sinne des Schöpfers zu entfalten.

46
Der Körper

Das, was unseren Geist erfüllt, erfüllt jede Zelle unseres Körpers. So sind unsere Bewußtseinsinhalte für sein Befinden ausschlaggebend. Wir bestimmen selbst über Harmonie oder Disharmonie der körperlichen Funktionen, denn unser Geist ist dem Körper übergeordnet und beeinflußt ihn ständig. Wir können nicht erwarten, daß er gut funktioniert, wenn unser Bewußtsein von Unruhe, Angst, Traurigkeit und Auflehnung gegen die äußere Welt erfüllt ist. Unser Körper spiegelt getreu die ihm zugesandten Gedanken und Gefühle wider und kann nicht von unserem Geist getrennt wirken. Wie wichtig deshalb unsere Bewußtseinsinhalte für unser Wohlbefinden sind, müssen wir erkennen und alles aus unserem Geist ausschließen, was den Körper nachteilig beeinflußt. Ist dieser erst durch negatives Denken aus der Harmonie gebracht, so meldet er Krankheit und Erschöpfung zurück, und er erfüllt damit unser Bewußtsein. So geht der Teufelskreis weiter, und dieses trägt zum Abbau unserer Kräfte bei und versetzt uns ständig in den Zustand von Spannungen und Disharmonien.

Die Erlösung aus dem Kreislauf des Verderbens und der Entartung unseres Körpers als Folge einer willkürlichen Geistigkeit, kann nur durch eine Verankerung unseres Geistes in dem Schöpfergeist eintreten. Unser Bewußtsein muß mit dem Wissen um unsere Gotteswirklichkeit erfüllt werden. Wir müssen uns sehen, wie wir sind, Geschöpfe des allmächtigen Schöpfers. Wenn unser Bewußtsein gesammelt lebt auf Gott, so dringt das Göttliche von selbst in unseren Körper hinein und erneuert und belebt ihn nach dem Gesetz, daß das, was unser Bewußtsein erfüllt, unseren Körper erfüllt. Jede Zelle ist abhängig von dem, was wir in unserem Geist bewegen, folglich müssen wir aus dieser Erkenntnis unseren Geist auf die allgegenwärtige Schöpferkraft richten, auf daß diese uns erfüllt und bewirkt.

Was hast du im Bewußtsein? Das ist die wichtigste Frage, die wir uns stellen müssen. Was bewegt uns, wovon lassen wir uns beeinflussen? Wir gestalten durch unsere Bewußtseinsinhalte unseren Körper, wir werden, was wir denken; unsere Augen, unsere Haut, unsere ganzen Bewegungen werden offenbaren, was wir im Sinn haben. Wir spiegeln im Äußeren das Innere wider. Dieses bedeutet, daß es möglich ist, durch die Sammlung auf das innere Licht in der ständigen Vermehrung der Ausstrahlung unseres Körpers zu stehen. Wir sprechen von einem erleuchteten Menschen und auch von einem finsteren Menschen. Lebt der Mensch vertraut im Umgang mit seinem Ursprung, spricht er mit seinem Gott, ehrt und lobt er den unsichtbaren Schöpfer, so ist sein Bewußtsein für den Einstrom der Kraft und Weisheit Gottes geöffnet und leitet so den Strom des Schöpfergeistes in alle Zellen seines Körpers hinein. Sein Körper fängt an zu strahlen von dem einfließenden Licht der Gottheit. Lebt der Mensch dem Vergänglichen verhaftet, absorbiert von dem täglichen Kreisen um sein Pseudo-Ich, so verliert der Körper immer mehr an Strahlung und verhärtet sich im Alter.

Wenn die Zusammenhänge zwischen Geist und Körper einst erkannt worden sind, wird der Mensch sich seiner Gotteskraft zuwenden und erleben, wie diese Kraft ihn durchdringt und mit neuem Leben erfüllt.

47
Der Atem

Da Gott, der Schöpfer, in allem Geschaffenen mit seiner Kraft wirkt, geht diese Kraft als Ausstrahlung von dieser Schöpfung aus, und wir nehmen durch den Atem daran teil. Wir atmen Gott ein, und dadurch leben wir, denn Gott ist das Leben. Würden wir bewußt atmen, also bewußt der Kraft des Schöpfers sein, die mit jedem Atemzug von uns eingeatmet wird, so würden wir in einem uns noch unvorstellbaren Ausmaß lebendig werden. Wir sind uns beim Atmen der Aufnahme von Schöpferkraft noch nicht bewußt. Der Atem ist sich selbst überlassen; das Atmen geschieht automatisch und ist in seiner Bedeutung für die Belebung unseres Körpers unerkannt.

Es atmet in uns, ohne unsere bewußte Teilnahme, und dadurch geschieht diese für unser Leben wichtigste Tätigkeit ohne unsere Mitwirkung, ohne unser Wissen, um was es hier geht. Wir sind bei unserer Atmung, unserer Teilnahme an der Schöpferkraft nicht bewußt anwesend, und wie könnte da der Vorgang des Atmens voll ausgeschöpft werden?

Wir wissen, welche Bedeutung unsere volle Anteilnahme bei jeder Tätigkeit hat und daß wir keinen wirklichen Erfolg verzeichnen können, wenn wir nicht voll anwesend in dem sind, was wir tun. Der Atem als die Tätigkeit, die entscheidend für unser Leben ist, braucht unsere bewußte Anteilnahme.

Durch diese Abwesenheit unseres Bewußtseins von dem,

was in unserem Körper geschieht, verursachen wir selbst einen Mangel an der notwendigen Verbindung zwischen uns und dem lebengebenden Geschehen der Schöpferkraft in uns. Wir leben gleichsam außerhalb unserer Wohnstätte, wir sorgen nicht für die Einheit zwischen Geist und Materie, zwischen Schöpferkraft und Schöpfung. Damit verliert der Körper die für seine Funktionen notwendige Verbindung mit unserem Beswußtsein, er wird einem seinem Gedeihen gegenüber gleichgültigen Herrn unterstellt, er wird sich selbst überlassen. Unser Bewußtsein als das Geistprinzip in uns ist für unseren Körper das ihn belebende und erneuernde Prinzip, weshalb wir zu Hause sein müssen in dem, was im Körper geschieht, auf daß die Einheit zwischen uns und ihm nicht gestört wird.

Für das Gedeihen unseres Körpers in allen seinen Funktionen ist der Atem von erstrangiger Bedeutung. Wir können eine Zeitlang ohne Nahrung leben, aber nicht einen Augenblick, ohne zu atmen. Mit dem Atem führen wir dem Körper Schöpferkraft zu, unsichtbare Energien, die für jede Zelle, für jedes Atom unserer Schöpfung lebensnotwendig sind.

Mit dem Aufhören der Atmung hört das Leben auf, und der Tod tritt ein. Daraus können wir die überragende Bedeutung des Atems erkennen und begreifen, daß er uns Leben zuführt — oder Schöpferkraft. Sich dieser Kraft beim Atmen bewußt zu sein, erhöht den Wert des Atmens, bringt uns eine Zufuhr an Bewußtseinskräften, welche den Körper zu höheren Leistungen fähig machen.

48
Das Altern

Der Mensch ist sein Bewußtsein, und er spiegelt in seinem Äußeren das wider, was ihn in seinem Bewußtsein bewegt. Wir können den Wechsel der Bewußtseinsinhalte in den Augen, in dem Gesichtsausdruck, in den Bewegungen eines Menschen ablesen, wir erleben sie als die Ausstrahlung unsichtbarer Kräfte, die von ihm ausgehen. Daraus können wir folgern, daß das, was sich in dem Bewußtsein des Menschen abspielt, nicht nur im Äußeren zum Ausdruck kommt, sondern daß die Bewußtseinsinhalte die Gesamtheit des Körpers beeinflussen, daß jede Zelle in jedem Organ an dem teilnimmt, was im Geist des Menschen sich bewegt. Daraus ergibt sich eine Erklärung für die verschiedene Art, wie die Menschen altern, wie sie verbraucht werden, wie sie ein Opfer der Mächte werden, denen sie durch ihr Bewußtsein Einlaß in ihrem Körper gewähren. Das Altern und das frühzeitige Verbrauchtwerden der körperlichen Organe und Funktionen haben ihre Ursache in unserem Bewußtsein, in unserem Geist. Wir beeinflussen ständig jede Zelle unseres Körpers mit den Gedanken und Gefühlen, die wir in unseren Geist hereinnehmen. Der Körper ist der Resonanzboden für unseren Geist. Jeder Gedanke ist eine Energieausstrahlung, die den ganzen Körper durchströmt und entweder Positives oder Negatives vermittelt. Die Zellen nehmen diese Strahlung auf, werden von ihr beeinflußt, was wir auch im Äußeren, im Ausdruck des Körpers, beobachten können. Würden wir ins Innere schauen können, so würden wir die ständigen Veränderungen im Zellenstaat der Organe bemerken und damit erkennen können, in welchem Ausmaß wir sie über unsere Bewußtseinsinhalte beeinflussen.

Die Gesamtheit unserer Schöpfung ist deshalb eine Aufnahmestelle für die Energien, die unser Geist aussendet. Eine ständige Veränderung unserer Schwingungen wird durch das erzeugt, was wir denken, wollen, fühlen und erleben. Was durch unsere Sinnesorgane vermittelt wird, hat eine Wirkung auf jede Zelle unseres Körpers. Eine uns unvorstellbare Anteilnahme an unseren täglichen Eindrükken und Reaktionen hat unser Körper bis in alle seine Zellen hinein zu bewältigen, er schwingt unaufhörlich mit in diesem Wechsel der Sinneswahrnehmungen, in unseren Sympathien und Antipathien, in unseren Wünschen und Begierden. Wie ein feines Instrument reagiert der Körper auf das, was wir in unseren Geist hereinnehmen, und hierin liegt das Rätsel des Verbrauchtseins und des Alterns unseres Körpers und aller seiner Organe. Der Körper ist der Spiegel, der unsere Bewußtseinsinhalte widerspiegelt, und aus dieser Erkenntnis heraus können wir die Folgerung ziehen, daß wir durch eine Verwandlung unseres Bewußtseins auch eine Verwandlung unseres Körpers herbeiführen können. Wir erleben täglich, wie wir durch die Schönheit der Schöpfung, durch Liebe und Freude belebt werden, wie auch unser Körper mit herabgesetzten Kräften auf Unruhe, Angst, Ärger und Traurigkeit reagiert.

49
Die Bewußtseinsinhalte

Was der Mensch in seinem Bewußtsein trägt, geht als Strahlung von ihm aus. Nicht, was der Mensch redet, bestimmt seine Wirkung auf uns, sondern allein was er denkt, was er in seinem Geist bewegt. Wer glaubt, daß er die Menschen mit Worten überzeugen kann, die nicht mit seinem Geist übereinstimmen, täuscht sich. Nur die Einheit zwischen Wort und Geist hat überzeugende Kraft. Aber das Leben der Menschen untereinander ist auf äußerlichen Wirkungen aufgebaut, und der Mensch begreift noch nicht, daß er nicht aus der Einheit zwischen Geist und Wort herausfallen darf, soll er eine lebengebende Wirkung vermitteln.

Die Sonderung des Menschen von seiner Seele als seiner spirituellen Wirklichkeit macht ihn unglaubwürdig, verleiht ihm keine Macht und Mündigkeit. Wir verkehren miteinander, das heißt, wir sind verkehrt im Umgang miteinander, und dieses löst Freudelosigkeit und Lieblosigkeit aus, weil es zutiefst Beziehungslosigkeit ist im Wesenhaften. Wir begegnen einander auf der Oberfläche, und es kommt nicht zu einem Austausch im wahrhaft Lebendigen, der zu neuem Leben führt. Wir tauschen Meinungen und Gedanken miteinander aus, aber sie lassen uns nicht am Leben aus dem Ursprung teilnehmen.

Wenn wir erfahren haben, welche Wirkung ein auf das Wesenhafte in sich ausgerichteter Mensch ausübt, welche sonst nicht angesprochenen Kräfte unseres Wesens er auslöst, wird uns bewußt, wie entfernt wir von uns selbst im

Wesenhaften wie auch von unseren Mitmenschen leben.

Wir können an solchen Tiefenerlebnissen mit Menschen erkennen, wie flach unser Zusammenleben ist, wie genügsam wir sind im Umgang miteinander. Wir reden miteinander, wir arbeiten zusammen, aber wir leben nicht miteinander. Wir befinden uns nicht in einem Austausch mit den in uns allen verborgenen Seinskräften. Wir haben keine innere Beziehung zueinander, weil wir nicht in der Beziehung zu den inneren Kräften unserer Seele leben und deshalb nicht die Seele des anderen ansprechen können.

Beginnt in einem Menchen die Einkehr in seine Seele, wird er sich des Seins in sich wie um sich bewußt, so verändert sich gleichzeitig seine Beziehung zu seinen Mitmenschen wie zu der Schöpfung um ihn. Eine andere Wirkung geht von ihm aus, die von allem Lebendigen um ihn aufgenommen wird, ohne daß die Frage aufkommt, warum dieser Mensch anders wirkt.

Beobachten wir mit großer Aufmerksamkeit, was in uns geschieht, wenn wir mit Menschen zusammenkommen, werden wir bald den großen Unterschied zwischen den seelisch lebendigen und den seelisch noch unlebendigen Menschen wahrnehmen. Treffen wir auf eine lebendige Seele, die in Beziehung steht zu der Seele aller Dinge, so überwältigt uns die Spannweite ihrer Hinwendung zu allem, was lebt. Dieser Mensch lebt angeschlossen an die Seele der Welt und schöpft ständig neue Kräfte an Lebendigkeit.

Wir können an der Art, wie ein Mensch in ein Zimmer tritt, wie er sich nicht nur den anwesenden Menschen, sondern auch dem verborgenen Leben der Pflanzen und Blumen zuwendet, erkennen, in welcher Beziehung er zur Umwelt steht.

Es ist symptomatisch für den seelisch noch unerweckten Menschen, daß er ziemlich unberührt von seiner Umwelt dahinlebt. Was ein Mensch sieht in dem, was er sieht, und was er hört in dem, was er hört, sagt etwas aus über seine innere Lebendigkeit oder über seine Beziehungslosigkeit gegenüber sich selbst im Wesenhaften. Die kleinen Kinder, die noch eng verbunden mit ihrer Seele leben, stehen in einer ständigen Beziehung zu ihrer Umwelt, nehmen gleichsam von innen her teil an dem Leben in allen seinen Offenbarungen. Hier wirkt noch die Sinnenhaftigkeit der Seele, die vordringt zu der Innenseite des Lebens und die zu jenem Jauchzen und zur Freude am Dasein führt, die uns staunen läßt über die hier wirkende Teilnahme an allem Lebendigen.

Eine Blume genügt, um das kleine Kind zu beleben, ein Schmetterling, ein Vogel, ein Lichtstrahl lösen Freude und Hingabe aus. Hier brauchen keine Worte ausgedrückt, keine Erklärungen abgegeben zu werden, das Kind lebt sich ohne Worte in das Leben um sich hinein und vertieft fortwährend seine Kenntnisse. Je weniger das kleine Kind mit äußeren Dingen, mit Spielzeug und ablenkenden Zerstreuungen beschäftigt wird, um so mehr entfaltet es die Fähigkeit, über seine Seele mit dem Leben um sich Beziehung aufzunehmen. Es sind die Erwachsenen, die verlernt haben, von ihrer Seele aus die Welt aufzunehmen, und dadurch das kleine Kind aus dem Paradies, aus dem wirklichen Leben, vertreiben. Sobald das Kind zur Anpassung an die Welt der Erwachsenen gezwungen wird, erlebt es die Sonderung von seiner Seele. Damit hört die innere Beziehung zur Umwelt auf, und es entfaltet sich jene Oberflächenbeziehung, unter der wir alle leiden und die eine wesenhafte Beziehung zur Schöpfung ausschließt. Wir registrieren die Umwelt, aber wir erleben sie nicht, wir nehmen nicht an ihrer Seinskraft teil und werden davon nicht belebt und beseelt.

Wir erkennen nicht, daß die primäre Wirklichkeit alles dessen, was lebt, in der Kraft des Schöpfers liegt, in jener spirituellen Wirklichkeit, die wir unsere Seele nennen, und daß wir nur wirklich lebendig sind, wenn wir aus dieser Kraft in uns leben und durch sie den Zugang zu allen ihren Offenbarungen bekommen.

Das Oberflächenleben, das wir jetzt führen, läßt uns verarmen, verurteilt uns zu einer inneren Einsamkeit, zu jener leidvollen Beziehungslosigkeit zu der Seele aller Dinge. Wenn wir begreifen, daß die Ursache für alle Unfähigkeit, einander wesenhaft zu erreichen, darin liegt, daß wir aus der Einheit mit unserer Seele gefallen sind, dann müssen wir die Umkehr zu unserer Seele vollziehen.

50
Der Traum

Voll von Geheimnissen sind unsere Nächte. Voll von Geheimnissen sind unsere Träume. Wir erleben Dinge, die im täglichen, willkürlichen Leben keinen Raum in unserem Bewußtsein bekommen. Aus unbewußten Bereichen steigen Bilder aus der noch nicht angenommenen Welt unserer Seele und der Seelen der Menschen um uns auf. In der Stille der Nacht hören wir Stimmen, und es leuchten die Wirklichkeiten spirituellen Lebens auf, die der Tag noch nicht erträgt. Würde der Mensch diese Stimmen und diese Wirklichkeiten annehmen, stünde er schon in der Wandlung. Aber der Fluch unserer Tage ist, daß sie auf der Oberfläche gelebt werden, daß wir uns ängstlich retten in eitle Geschäfte und Ablenkungen von den Stimmen der Tiefe. Wir leben in einem Tagesbewußtsein, das von unserer eigenen und der Welt Willkür erfüllt ist, wir sind mit allem besetzt, was um uns geschieht, und wir stehen im Dienst von Vorstellungen und versuchen, mit dem Aufgebot unseres Willens und Verstandes den selbstgesetzten Sinn unseres Lebens zu erfüllen. Eine ganze Welt von willkürlichen Dingen nimmt uns in Anspruch vom Morgen bis zum Abend, und wir nennen diese Inanspruchnahme, diese Besessenheit Leben. Wir jagen nach Wind, und was wir auch erreichen mögen, es kommt nicht zum Frieden und nicht zur Freude, nicht zur Erfüllung und Befriedigung unseres Lebens. Wir täuschen uns durch ständig neu auf uns einstürzende Aufgaben und Pflichten darüber hinweg, daß wir nicht leben; aber ist nicht das Erleben einer einzigen Blume in ihrem stillen, wesenhaften Sein genug, um zu erkennen, daß wir mit all unserem Tun nicht in einer wesenhaften Entfaltung unseres wahren Selbstes stehen! Aber was bedeutet diesen ständig jagenden, von ihrer eigenen Wichtigkeit eingenommenen Menschen das Geheimnis des Lebens in einer Blume? Haben sie denn Zeit, irgend etwas so tief zu erleben, daß sie bis auf den Grund der Wirkenskräfte kommen, die alles wahrhaftige Leben bewirken? Haben sie in ihrer Besessenheit, vertrieben aus dem eigenen Besitz, überhaupt die Möglichkeit eines tiefen Erlebens? Huschen sie nicht wie wesenlose Schatten mitten im eifrigen Tun ihrer Tage an dem Wirklichen und Lebendigen vorbei, ohne an den hier sich offenbarenden Kräften spirituellen Lebens teilnehmen zu können?

Sind sie nicht in ihrer Aktivität außerhalb des wirklichen Geschehens in sich selbst wie in der sie umgebenden Welt? Sind ihre Tage nicht unwirklich in dem Maße, in dem sie von Arbeit und Ablenkungen besetzt sind?

Aber in den Nächten, da die Arbeit aufhört, wo die Ablenkungen mit ihren Zerstreuungen nicht da sind, da melden sich Dinge, die tiefer sind als die Dinge des Tages. Wenn die Trennung von der Seele noch nicht so groß ist, dann erlebt der Mensch in der Stille der Nacht etwas von jenen Kräften, die aus seinem Bewußtsein noch verdrängt sind, aber die über sein wirkliches Leben mehr aussagen als alle täglichen Arbeiten.

51
Die Liebe

Der Mensch geht von Liebe zu Liebe in der Sehnsucht nach Erlösung aus einer inneren Einsamkeit, in der Sehnsucht nach einer wahren Gemeinschaft, und er begreift nicht, daß in der Sonderung von seiner eigenen Seele die Unfähigkeit liegt, zur Seele des anderen vorzudringen und damit eine bleibende Beziehung herzustellen. Die Anziehungskraft des Körpers und des Intellekts kann nicht zu jener Liebe führen, die uns im Wesenhaften anspricht.

Der Mensch bleibt dann in seiner Seele unerlöst und deshalb nicht beständig in der Liebe. Seine unstillbare Sehnsucht nach Heimat und Geborgenheit in der Seele des anderen wird nicht erfüllt, es kommt zu einem ständigen Wechsel in den Liebesbeziehungen, und so erschöpft sich diese Art der Liebe in sich selbst und vergeht, weil der Mensch nicht in seiner Ganzheit, in seiner Seele, angesprochen, erkannt und angenommen wird.

Daß diese Art der Liebe bisher noch unbekannt und selten in Erscheinung getreten ist, liegt am Zustand der Sonderung des jetzigen Menschen von seiner Seele. Das, was der Mensch heute als Liebe bezeichnet, ist eine vorübergehende Beziehung der Menschen zueinander in den oberflächlichen Bereichen eines Lebens im Persönlichen und Vergänglichen.

Die Armut der Sprache kennt nur ein Wort für diese in unendlichen Variationen sich abspielenden Beziehungen der Menschen zueinander, und so wirkt das Wort verwirrend und irreführend, wenn es darum geht, das Wesen und die Bedeutung einer wirklichen Liebe auszudrücken.

Das Leiden der Menschen in ihren Beziehungen zueinander, die Enttäuschungen in der Liebe, die Unfähigkeit, einander in den schöpferischen Bereichen zu entbinden, haben ihren Grund allein in der Beziehungslosigkeit des Menschen zu seiner eigenen Seele und damit in seiner Unfähigkeit, die Seele des anderen anzusprechen und zu erlösen. So weit wie der Mensch seiner eigenen Seele entfernt lebt, so fern bleibt er der Seele des anderen, und er kann folglich keine bleibende Beziehung aufbauen, die zu einer Entfaltung des Wesenhaften beiträgt.

Nur die Liebe, die nicht auf die Befriedigung der Wünsche und Begierden aus ist, sondern auf die Erfüllung und die Erlösung der inneren Kräfte des Wesens des anderen, hat Dauer und Gültigkeit und trägt bei zur Heilung und Erneuerung des Menschen und zur Erlösung der in ihm liegenden schöpferischen Energien.

Der seelisch lebendige Mensch liebt aus seiner Seele, er sucht die Begegnung mit der spirituellen Wirklichkeit des anderen, er will das Göttliche des Geliebten entbinden und in dessen Bewußtsein hineinleiten, auf daß der Mensch sich seines Wertes und seiner Einmaligkeit bewußt wird und in sich selbst das Zentrum seines Lebens findet.

Aus dem Bewußtsein seiner Seele lebend, ist der Mensch ein wahrhaft Liebender, ein sich mit der Kraft des Ursprungs in allem Lebendigen Verbindender, ein Genie des Herzens, erlösende und heilende Kraft ausstrahlend.

52
Der Tod

Der Mensch wird so lange kein natürliches Verhältnis zum Tod haben, wie er kein natürliches Verhältnis zum Leben hat. Sein Verbleiben in der Enge eines Oberflächenlebens läßt ihn im Tod das Ende seines Lebens sehen, und davor schreckt er zurück. Er will leben und er erkennt nicht, daß, wenn er das wirkliche Leben hätte, der Tod gegenstandslos wäre. Er wäre dann ein Vorgang im Leben, aber nicht das Ende, denn das Leben ist unsterblich. Das, was stirbt, ist das Gefäß in dieser Ebene, aber der Inhalt, das Leben, der Schöpfergeist, ist dem Tod nicht unterworfen, oder Gott wäre sterblich. Der Körper ist für seine Aufgabe in dieser Welt geschaffen, er taugt aber nicht für eine andere Welt. Wäre aber der Körper — was sein Sinn ist — der Diener und das Instrument des Schöpfergeistes in dieser Welt, so wäre seine Lebensdauer in dieser Welt in einer uns noch unvorstellbaren Weise gewährleistet. Aber da der Mensch seinen Körper in den Dienst seiner Vergänglichkeit und seiner Willkür stellt, so steht sein Körper unter den Todesmächten und verdirbt ohne Sinnerfüllung. Darin liegt die Tragik unseres Sterbens, daß wir nicht zur Reife gelangen, nicht ohne Spannung und Auflehnung den Weg in eine andere Ebene antreten, des ewigen Lebens bewußt, das in uns west. Wir sterben bewußtlos gegenüber der Unsterblichkeit unseres Lebens, denn wir werden nicht auf dieses Leben ausgerichtet. Wir werden dazu erzogen, unseren willkürlichen Geist zu entfalten, ihn im Dienst einer geschöpflich verkehrt lebenden Menschheit einzusetzen und erkennen nicht, daß wir dabei um das uns gemäße Leben aus dem Schöpfergeist betrogen werden. So verfallen wir alle der Hypnose des Sterbens, und der Tod wird zu einer ständigen Bedrohung eines Lebens, das keines ist.

Der wahrhaft lebendige, der wiedergeborene, der in seine Unsterblichkeit hineingeborene Mensch kennt die Furcht vor dem Tode nicht. Er begegnet ihm spannungsfrei, denn er kann durch ihn nichts von dem verlieren, was er ist. Für ihn ist der Tod Übergang, aber nicht Untergang seines Lebens. Er legt das alte Kleid ab, um ein neues anzuziehen. Er weiß sich geborgen in Ihm, der alles in allem ist. Der Geist, der sich in ihm manifestiert hat, setzt seinen Weg durch die Unendlichkeit des ewigen Lebens fort. So liegt die Überwindung des Schreckens des Todes, der so lähmend auf der Menschheit lastet, nur in der Bewußtwerdung des Schöpfergeistes, der wir in Manifestation sind. Mit dieser Bewußtwerdung des in uns wesenden ewigen Lebens wird auch unser Körper von dem Leiden und den Krankheiten befreit, denen wir ihn fortwährend durch unsere Sonderung von der ihn allein erneuernden Kraft des Schöpfergeistes aussetzen. Wir stellen den Körper unter den Einstrom unseres vergänglichen Geistes, wir denken das Verkehrte, das Böse, das Negative und Lebensfeindliche in ihn hinein und ernten Entartung, Verfall, Krankheit und Tod.

Der Körper ist der Resonanzboden für unsere Bewußtseinsinhalte und gibt getreu die Melodien zurück, die wir auf ihm spielen.

53
Die Wiedergeburt

Die Wiedergeburt des Menschen darf nicht verstanden werden als eine Wiederverkörperung, die sich bis in das Unend-
liche wiederholt, sondern wir verstehen unter der Wiedergeburt ein Zurückfinden des Menschen zu seiner Seele, zu dem
Schöpferprinzip und dem Leben aus diesem Prinzip. Ohne
die Einheit in Gott, die wir als die Wiedergeburt bezeichnen, kann die Menschwerdung des Menschen, wie sie der
Schöpfer gewollt hat, nicht eintreten. Wer Gott offenbaren
soll, muß aus Gott leben, und aus Gott zu leben, heißt mit
Gott verbunden zu sein, heißt sich selbst als Gottes Kraft in
Offenbarung zu erkennen und sich dazu zu bekennen.

Die Wiedergeburt ist deshalb für einen jeden Menschen
eine Notwendigkeit, soll er im eigentlichen Sinne lebendig
werden, denn durch die Wiedergeburt durchbricht der
Mensch die Sonderung, die ihn trennt von dem in ihm
wesenden ewigen Leben; er erkennt sich selbst in seiner
Urbeziehung zu diesem Leben. Er erreicht durch die Wiedergeburt seine wahre Identität, er erlebt die Seinskraft und
wird sich der Schöpferkraft bewußt. Diese allein sinnerfüllende Kraft des Schöpfers in seiner Schöpfung bleibt so lange
in unbewußten Bereichen verborgen und unerschlossen, bis
der Mensch in sie hineingeboren wird, bis er durchbricht zu
der Dimension seiner Seele als seiner spirituellen Wirklichkeit.

Wenn die Wiedergeburt als die Voraussetzung für ein
vollmächtiges und den Sinn unserer Schöpfung erfüllendes

Leben anzusehen ist, dann müssen wir zuerst und vor allen Dingen danach trachten, wiedergeboren zu werden. Wir müssen erkennen, was mit der Wiedergeburt gemeint ist und sie aus allen verschwommenen religiösen Vorstellungen befreien und wissen, daß jeder Mensch wiedergeboren werden muß, um in die Menschwerdung hineinkommen und um seine geschöpfliche Aufgabe erfüllen zu können, die darin liegt, die ihm innewohnende Schöpferkraft zur Offenbarung zu bringen. Sie ist durch eine Erziehung, die nur unsere willkürliche Geistigkeit entwickeln will, aus unserem Bewußtsein verdrängt worden, hinein in das Unbewußte. Da diese Geistigkeit nur Zugang hat zu der Erscheinungswelt, muß sie überwunden werden durch jene spirituelle Wirklichkeit, die Zugang hat zu der Welt der unsichtbaren Schöpferkraft. Unser Geist muß die übergeordnete Stellung des Schöpfergeistes erkennen und sich Ihm unterordnen, sich in seinen Dienst stellen.

Das ist gemeint mit der Wiedergeburt: die Herrschaft des Schöpfergeistes über diese Schöpfung, die sein Werk und Eigentum ist und deren Konzeption Er allein kennt und für deren Verwirklichung Er allein die Kraft besitzt.

54
Die Entdeckung
einer anderen Dimension

Den Drang des Menschen, in unbekannte Weltenräume
vorzudringen, können wir symbolisch dahin deuten, daß die
Zeit gekommen ist, zu den unerforschten Gebieten der
menschlichen Seele vorzudringen. Was im Außen geschieht,
geschieht gleicherweise auch innen, denn Außen und Innen
sind zutiefst eins. Der Mensch ist auf dem Weg, neue
Dimensionen zu entdecken, und diese Dimensionen sind
vorhanden in unendlichen Weltenräumen wie auch in den
unendlichen Räumen der Seele. »Die Seele des Menschen
umspannt den ganzen Weltkreis«, sagt Hildegard von Bin-
gen und bekennt sich damit in intuitiver Schau zu der
Göttlichkeit des Menschen, zu seiner Urbeziehung zum
Schöpfergeist. Es ist dieses Göttliche in uns, das mit der
Anziehungskraft des Bezüglichen sich mit dem Göttlichen
um uns verbinden will. Der Mensch ist dabei, die engen
Grenzen seiner Vergänglichkeit zu sprengen, sein Pseudo-
Ich in seiner Unzulänglichkeit und Ungültigkeit zu erkennen und sich selbst als Schöpfergeist in dieser Offenbarung
zu begreifen, eins zu sein mit allem Sein im Ursprung.

So müssen wir wach werden für den tiefen Sinn äußerer
Ereignisse und sie einordnen in ihre Beziehung zu dem, was
sich in der Tiefe der menschlichen Seele abspielt. Wenn diese
Ereignisse auch noch nicht die Bewußtseinsebene des Menschen erreicht haben, so sind sie in der Bewegung auf diese
Ebene zu, und die Zeit rückt immer näher, da der Mensch
die irdischen als die persönlichen und vergänglichen Berei-

che seines Hierseins durchstößt und sich selbst entdeckt als einen Mikrokosmos in dem unendlichen Makrokosmos, als einen Teil des alldurchdringenden Schöpfergeistes, durch seine Schöpfung diesem Geist zugeordnet mit der Möglichkeit, aus seinen Tiefen an allen Schätzen und Weisheiten des göttlichen Urgrundes teilnehmen zu können. Das ist das Ende der Zeit und gleichzeitig ist es der Einbruch des ewigen Lebens in das Bewußtsein des Menschen, das Wiederkommen Christi, das Jüngste Gericht im Sinne der Ausrichtung des Menschen auf seine Wahrheit als Kind Gottes, Erbe ewigen Lebens.

Da die Menschen noch keine Entwicklung ihrer Seele durchmachen, weil in der Erziehung des Menschen die Dimension der Seele nicht berücksichtigt wird, bleibt der Mensch auf der Oberfläche der Erscheinungswelt und richtet sich hier ein als wäre es das ihm gegebene und gemäße Los, in seiner Vergänglichkeit eingeengt zu leben. Wenn auch der Traum von einer seelischen Wirklichkeit lebendig geblieben ist und der Mensch diese Wirklichkeit in einem Jenseits zu erleben hofft, so wird der Zustand der Bewußtlosigkeit gegenüber der Seele durch die heutige Erziehung geradezu fixiert, die nur auf die Entfaltung einer willkürlichen Geistigkeit hinzielt, den Intellekt unter Vernachlässigung der seelischen Bereiche schult. So wird der Mensch um seine Wahrheit betrogen, eingeengt in einem Teil-Leben, verurteilt zum Schicksal des verlorenen Sohnes. In unbewußten Bereichen speichert er die Energien seelischer Potenzen, die ihn bedrängen und beunruhigen und ihn unter das Gefühl von Schuld stellen. Der Mensch wird sich selbst, dem Schöpfer und der Umwelt das ihm anvertraute Leben aus Gott schuldig und er geht zugrunde, ohne seinen Sinn als ein dieses göttliche Leben offenbarendes Geschöpf erfüllt zu haben, eine verpaßte Inkarnation des Schöpfergeistes!

Das ist die Situation des heutigen Menschen, des Menschen des Unheils und der Gottlosigkeit, der wie ein Amokläufer auf dem Weg seiner Willkür und seines Eigensinns vorwärtsrast und zur Zerstörung des wirklichen Lebens wird, zum Widersacher der göttlichen Ordnung, zum Antichristen. Alles, was dieser Mensch, der aus dem Gleichgewicht zwischen innen und außen gefallen ist, tut, wird ihm und der Schöpfung, die ihm unterstellt ist, zum Unheil. Seine willkürliche Geistigkeit spielt sich als Schöpfer und Beherrscher der Welt auf, und mit dieser Geistigkeit bereitet er den Untergang seiner mit so viel Arbeit und Mühe aufgebauten Zivilisation vor. Immer wieder erlebt der Mensch den Zusammenbruch seiner Welt, immer wieder stürzt er sich in das Unheil und erkennt noch nicht die Ursache all seiner Not. Der in sich unheile Mensch muß mit Notwendigkeit zum Unheil werden. Von seinem willkürlichen Wirken das Heil zu erhoffen, ist illusorisch, zeugt von der Bewußtlosigkeit des Menschen gegenüber seiner geschöpflichen Abhängigkeit von dem Schöpfergeist. »Ohne mich könnt ihr nichts tun«, bleibt die ewig gültige Aussage des Schöpfergeistes in allem Geschaffenen.

Dieser Schöpfergeist ist uns als die menschbildende Kraft des Schöpfers mitgegeben worden, als das ewige Leben in uns, als unsere Seele. Mit ihr vereint, wird der Mensch heil und erzeugt das Heil in seiner Welt. Das Vorstoßen zu den Bereichen der Seele ist also das, was uns allein not tut. Wir müssen die Dimension unserer Seele entdecken und in ihre unendlichen Räume vorstoßen. Dazu bedarf der Mensch keiner vom Menschengeist konstruierten Apparate, sondern

allein der liebenden Hinwendung zu dem göttlichen Urgrund, der Übergabe an seine Seele, des Glaubens an Christus in ihm. In der Annahme der Frohen Botschaft von
unserer göttlichen Natur, in der Anbetung unserer Wahrheit, in der Bewußtwerdung unserer Seele liegt das Geheimnis des Wiederkommens Christi, das uns aus der jetzigen
Seelenlosigkeit erlösen wird, das uns zu den unendlichen
Bereichen des Himmels, zu dem wirklichen, uns von Gott
gegebenen Leben vorstoßen läßt.

55
Die Umkehr

Unsere Beziehungen zu den Mitmenschen können nicht tiefer sein als unsere Beziehungen zu unserer eigenen Schöpfung. Erkennen wir uns selbst nicht in unserer Wahrheit, wie sollten wir dann unseren Nächsten in seiner Wahrheit erkennen? Lieben wir uns selbst nicht in unserer Urbeziehung zum Schöpfer und ehren wir nicht seine Kraft in uns, wie sollten wir dann diese Kraft in der Schöpfung um uns erkennen und uns in Liebe mit ihr verbinden können?

Wenn wir die Ursache unserer Beziehungslosigkeit und Lieblosigkeit zueinander erkennen, die in unserer Beziehungslosigkeit und Lieblosigkeit gegenüber der in unserer Schöpfung wesenden Kraft des Schöpfers begründet liegt, so kann es für uns keinen anderen Weg zur Überwindung dieser Beziehungslosigkeit im Wesenhaften geben als den der Umkehr zum Wesenhaften in uns selbst und der Einkehr in es. Das Wesenhafte und Ureigentliche in uns ist Gottes Kraft, aus der alles Leben entspringt, und ohne die Einbeziehung dieser Kraft in unser Bewußtsein bleiben wir ausgeschlossen aus ihrer Anwesenheit in allem Geschaffenen um uns.

Der Mensch kann nur wirklich lieben aus der Quelle seiner inneren Lebendigkeit. Was der Mensch in der Sonderung von seiner Seele Liebe nennt, ist sexuelle Anziehungskraft, die unbeständig und ohne erlösende und heilende Kraft ist. Mit der Wiedergeburt, der Einswerdung mit der in seiner Schöpfung wesenden Kraft des Schöpfers, beginnt die

Verbindung mit allem Lebendigen sich auszuwirken, und der Mensch erlebt die fortwährende Zunahme seiner wahren Lebendigkeit, die Gottverbundenheit ist, da Gott das Leben allen Lebens ist. Es gibt keine vollmächtige Anteilnahme an dieser Kraft des Schöpfers in uns, die auch allem Lebendigen innewohnt, solange wir nicht zu dem Bewußtsein dieser Kraft in uns selbst erwacht sind und uns zu ihr bekennen.

Die Liebe, das Geheimnis der Einheit mit dem Leben selbst, das von dem Schöpfer ausgeht, bleibt uns verschlossen, bis wir aufwachen zu diesem Leben in uns selbst und darauf ausgerichtet leben. Dann ist unsere Seele in unser Bewußtsein einbezogen, und der Zugang zur Seele des anderen ist gegeben. Wir sind dann in der Liebe, weil wir im Leben aus Gott sind. Erkennen wir dieses Leben in uns nicht, und verbinden wir uns nicht damit, wie sollten wir dann den Zugang finden zu diesem Leben in der Schöpfung um uns? Diese Sonderung des Menschen von seiner Seele ist die Ursache für alle Nöte und Verderbnisse, für unsere Lieblosigkeit und Unmenschlichkeit. Wir verderben am lebendigen Leibe aus Mangel an Verbindung mit dem hier wirkenden Leben aus dem Ursprung, wir gehen zugrunde ohne Sinnerfüllung, weil wir den Sinn unseres Lebens nicht erkennen.

56
Der Mystiker –
Vorbild und Hoffnung

Mystik ist wahre Selbsterkenntnis, die Erkenntnis, daß alles Leben von Gott ausgeht und daß wir als Menschen Gottes Kraft in dieser Manifestation sind. Der Mystiker ist auf diese Kraft Gottes in sich ausgerichtet, er erlebt diese Kraft als das Leben, das ihn lebt. Er ist von der Erscheinungswelt zu der Welt der Wirklichkeit vorgedrungen, er ist aus dem Zustand der Sonderung von seinem Ursprung erlöst. Er weiß sich eins mit dem Schöpfer, weil er von seiner Kraft geschaffen ist, und keine Finsternis dieser Welt kann ihm den Glauben nehmen, daß alles Leben Licht ist, eine Offenbarung des von Gott ausgehenden Urlichts. Daß der Mensch dieses Licht nicht durch sich leuchten läßt, liegt nicht an der Abwesenheit dieses Lichtes in seiner Schöpfung, sondern allein an seiner Bewußtlosigkeit gegenüber seiner ständigen Gegenwart. Dieses Licht ist in uns, aber wir sind nicht in diesem Licht.

Wir werden alle Opfer der in der Menschheit herrschenden Vorstellungen von Gott und Leben und passen uns dem gewohnten Pseudo-Leben an. Es wird der Mensch gewünscht, der ohne Widerspruch sich den Mächten, die in dieser Welt herrschen, unterordnet und sich in den Dienst ihrer Sinngebungen stellt. Die Ausrichtung auf das innere Licht der Gottheit in uns würde die Aufhebung der Macht der Gottferne bedeuten und damit zum Untergang der Mächte einer willkürlichen Geistigkeit führen.

Die Mystik ist also der Zustand, in dem Mensch die

Einheit zwischen sich und der Kraft, die ihn lebt, erfährt, da das Sein, der Schöpfergeist, in sein Bewußtsein hineinströmt und die Sonderung von seinem Ursprung aufgehoben ist. Dieses Erleben löst Frieden und Freude aus bis zur Ekstase, bis zur Seligkeit als einem Erfülltsein mit der Seele.

Diesen Zustand nennen die Zen-Buddhisten Satori und die Inder Samadhi; die Christen reden von der Unio mystica, der Einswerdung mit dem Göttlichen. Alle diese Ausdrücke sagen etwas über die grundsätzlich andere Erfahrung aus, die den Menschen überkommt, wenn er diesen Zustand der Einheit mit seiner existentiellen Wahrheit erlebt, wenn er den Zwiespalt zwischen der Kraft, aus der er geschaffen ist, und sich selbst im Ego überwindet.

So offenbart der Mystiker eine Art des Lebens, die die Menschen noch nicht kennen, und deshalb sehen sie in ihm eine Ausnahmeerscheinung menschlichen Lebens, einen Auserwählten, einen Begnadeten, und sie werden dadurch nicht von ihm ausgerichtet auf die Kraft, die auch in ihnen vorhanden ist. Der Mystiker ist noch nicht in seiner Bedeutung für die Menschwerdung des Menschen erkannt worden, er wird nicht angenommen als Beispiel und Vorbild. Die größten Mystiker, Buddha und Jesus von Nazareth, werden als Götter verehrt, als außerhalb menschlichen Lebens sich befindend hingestellt und angebetet, weshalb ihre Aufgabe als erlösende und auf die verborgene Wahrheit des Menschen ausrichtende Kraft nicht erfüllt werden kann. Der Mensch fährt fort, aus seinem Ego zu leben und kann somit nicht seinen geschöpflichen Sinn erfüllen, der darin liegt, das Göttliche zu offenbaren. Er verehrt die großen Erleuchteten als göttliche Menschen, aber er kommt durch sie nicht zu der Erkenntnis seiner eigenen Göttlichkeit.

Da alles Geschaffene denselben Ursprung hat, so hat alles Leben Zugang zu diesem Ursprung, den wir Gott nennen. Aus dem Urlicht der Gottheit, aus dem Logos, aus dem Schöpfergeist »ist alles gemacht, was gemacht ist, und ohne Ihn ist nichts gemacht, was gemacht ist. In Ihm ist das Leben, und das Leben ist das Licht des Menschen«. Folglich ist der mit seinem Ursprung verbundene Mensch erleuchtet. Wir nennen diese Erleuchteten Mystiker, denn sie stehen in der Erfahrung des Göttlichen, sie schöpfen aus dem Urquell des Lebens, sie haben wahre *religio* und offenbaren die Kräfte des ewigen Lebens. Sie sind Lichter in der Finsternis der Gottferne, und von der Zahl dieser Erleuchteten hängt das Schicksal der Menschheit ab. Nehmen die Heiligen zu, so nehmen die Lichtkräfte in der Menschheit zu, nehmen die Heiligen ab, so breitet sich die Finsternis aus. Die Erleuchteten sind also für die Heilung unserer Welt von übergeordneter Bedeutung, denn sie allein können uns den Weg zu unserem Heil zeigen. Die Erkenntnis, daß sie in eine Dimension des Seins eingedrungen sind, die wir noch nicht kennen und daß von ihrer Verbindung mit dieser Dimension ihre heilende Kraft ausgeht, müßte uns anspornen, diese Dimension in uns selbst zu finden und damit die wahre Nachfolge ihres Lebens zu vollziehen.

Aber wir sehen noch nicht in den Heiligen und Mystikern die uns auf unsere Wahrheit ausrichtenden Menschen, sondern wir halten sie für Ausnahmeerscheinungen menschlichen Lebens und verurteilen sie somit zur Unwirksamkeit. Wir mögen sie als göttliche Menschen verehren, sie in Tempeln und Kathedralen einsperren, wo wir sie ehrfürchtig anbeten, dieses aber verhilft uns nicht zur Entbindung des in unserer eigenen Schöpfung verborgenen Schöpfergeistes. Sie wollen nicht Anbeter haben, sondern Nachfolger, Menschen, die gleich ihnen den Weg nach innen gehen, um das Göttliche zu entdecken und Ihm in ihrem Leben Einlaß zu gewähren. Sie wollen nicht den Glauben an ihre Person, sondern den Glauben an die in ihnen offenbarte Gotteskraft, die zum Glauben an die auch in uns wesende Gotteskraft führt.

Was nützt es uns, daß Buddha oder Jesus die Verbindung mit ihrem Ursprung erreichten und daraus ihre Heilkraft schöpften, wenn wir nicht diese Verbindung finden und zum Heil unserer Welt werden? Was hat es der Menschheit genützt, daß sie für diese Menschen unzählige Tempel baute und sie in Gottesdiensten verehrt, wenn sie nicht selbst aufwacht zu der Notwendigkeit ihrer Umkehr zu dem Göttlichen in ihrer eigenen Schöpfung! Die Heiligen und Erleuchteten zeigen uns den Weg in das in uns wesende Heilige, sie rufen uns auf zu der Erkenntnis unserer Wahrheit, zur Nachfolge des Weges nach dem Ursprung, zur Umkehr und zur Einkehr in die eigene göttliche Seinskraft, auf daß auch wir zur Erleuchtung unserer Welt werden.

So ist der Heilige die Aufforderung zur Heiligkeit. Er will uns ausrichten auf das in uns wesende Heilige. Er will das Licht ewigen Lebens in uns anzünden, auf daß auch wir zur Erleuchtung werden. Nicht nur einige Menschen können unsere Welt heilen, ein jeder ist zur Heilheit geboren, ein jeder muß zu einem Instrument des Heiligen werden. Die Mystik muß verstanden werden als der Zustand des von Gott gewollten Lebens. Sie ist von uns erreichbar durch das in uns wesende göttliche Sein. Dieses zu empfangen, Ihm in Anbetung zugewandt zu leben, dieses ist unsere geschöpfliche Aufgabe, sollen wir unseren Sinn erfüllen können als

Gott offenbarende Geschöpfe. Was Buddha und Jesus und die Heiligen erreichten durch ihre Hingabe an das göttliche Geheimnis ihres Lebens, müssen auch wir erreichen, sonst haben wir das Vorbildliche und Beispielhafte ihres Lebens nicht verstanden, und ihr Leben wird nicht seinen Sinn erfüllen, wegweisend für uns alle zu sein.

Immer waren die Mystiker in allen Zeiten Menschen von einer besonderen spirituellen Lebendigkeit, und diese trieb sie vorwärts in ihrem Suchen nach Gott. Es war Gott in ihnen, der Gott suchte.

Veröffentlichungen
von Rut Björkman

Weitere Bücher aus dem Aurum Verlag

Klaus Völkers
DAS GEBET DES HERRN – QUELLE DER KRAFT
136 Seiten, kart. cell.

»Vater unser . . .« – in dieser Anrede Gottes bin ich allen seinen Geschöpfen, Freund und Feind, den Tieren und Pflanzen, der Erde und dem ganzen Kosmos geschwisterlich verbunden. Wer sich aus innerstem Herzen auf das Gebet des Herrn einläßt, dem wird Hilfe aus der Not und eine eigentümliche Kraft zuwachsen, die sich ihm – bei aller vordergründigen Vertrautheit mit diesem Grundtext des christlichen Abendlandes – bisher verborgen hatte.

Erfüllung einer tiefen Sehnsucht, Pfad zum Höchsten, Schlüssel zum Geheimnis der Heiligen Dreifaltigkeit: Worte, die in der Überlieferung des christlichen Abendlandes einzigartig sind. Worte, mit denen Jesus Christus seine Jünger zu beten gelehrt hat – das Vaterunser.

In behutsamer Wort-für-Wort-Analyse legt Klaus Völkers Aspekte des Sinns dieses Grundtextes unserer Kultur frei, die in der Regel allzuleicht gerade deshalb übersehen werden, weil man das Gebet zu kennen glaubt. Warum beginnt es mit dem Wort »Vater«? Darf man Gott überhaupt so anreden? Was hat das zweite Wort »unser« zu bedeuten? Warum steht da nicht »mein« oder »dein«? Warum ist das Gebet so aufgebaut, wie es aufgebaut ist? Der Autor, Seelsorger der evangelischen Kirche, geht diesen Fragen in einer Weise nach, die nicht nur dem kirchlichen »Insider«, sondern allen, die sich nach Heil und Heilung sehnen, etwas zu sagen hat und durch überkonfessionelle Freimütigkeit besticht. Er vermittelt Einsichten in die Entstehungsgeschichte, den strukturellen Aufbau des Gebets, dessen überzeitliche Bedeutung und heutige Aktualität. Unmerklich sieht sich der Leser selbst auf seinen Weg gebracht, das Gebet des Herrn zu sprechen.

AURUM VERLAG · FREIBURG IM BREISGAU